「図書館の自由に関する宣言
1979年改訂」解説

第2版

日本図書館協会図書館の自由委員会編

社団法人　日本図書館協会
2004

Statement on Intellectual Freedom in Libraries, Revised in 1979 :
the Commentary Notes
Second Edition

「図書館の自由に関する宣言　1979年改訂」解説　／　日本図書館協会図書館の自由委員会編. － 第2版. － 東京 ： 日本図書館協会, 2004. － 127p ； 21cm. － ISBN978-4-8204-0328-9

t1. トショカン　ノ　ジユウ　ニ　カンスル　センゲン　1979　ネン　カイテイ　カイセツ
a1. ニホン　トショカン　キョウカイ　　s1. 図書館と自由　①010.1

目次

図書館の自由に関する宣言　1979年改訂 ——————————— 5

宣言の採択・改訂とその後の展開 ————————————— 10

宣言の解説 ——————————————————————— 18

資料編 ————————————————————————— 47

参考文献 ———————————————————————— 114

あとがき ———————————————————————— 118

索引 —————————————————————————— 121

図書館の自由に関する宣言
1979年改訂

社団法人　日本図書館協会
（1979年5月30日　総会決議）

　図書館は，基本的人権のひとつとして知る自由をもつ国民に，資料と施設を提供することを，もっとも重要な任務とする。
1　日本国憲法は主権が国民に存するとの原理にもとづいており，この国民主権の原理を維持し発展させるためには，国民ひとりひとりが思想・意見を自由に発表し交換すること，すなわち表現の自由の保障が不可欠である。
　　知る自由は，表現の送り手に対して保障されるべき自由と表裏一体をなすものであり，知る自由の保障があってこそ表現の自由は成立する。
　　知る自由は，また，思想・良心の自由をはじめとして，いっさいの基本的人権と密接にかかわり，それらの保障を実現するための基礎的な要件である。それは，憲法が示すように，国民の不断の努力によって保持されなければならない。
2　すべての国民は，いつでもその必要とする資料を入手し利用する権利を有する。この権利を社会的に保障することは，すなわち知る自由を保障することである。図書館は，まさにこのことに責任を負う機関である。
3　図書館は，権力の介入または社会的圧力に左右されることなく，自らの責任にもとづき，図書館間の相互協力をふくむ図書館の総力をあげて，収集した資料と整備された施設を国民の利用に供するものである。
4　わが国においては，図書館が国民の知る自由を保障するのではなく，国民に対する「思想善導」の機関として，国民の知る自由を妨げる役割さえ果た

した歴史的事実があることを忘れてはならない。図書館は，この反省の上に，国民の知る自由を守り，ひろげていく責任を果たすことが必要である。
5 すべての国民は，図書館利用に公平な権利をもっており，人種，信条，性別，年齢やそのおかれている条件等によっていかなる差別もあってはならない。
　　外国人にも，その権利は保障される。
6 ここに掲げる「図書館の自由」に関する原則は，国民の知る自由を保障するためであって，すべての図書館に基本的に妥当するものである。

この任務を果たすため，図書館は次のことを確認し実践する。

第1　図書館は資料収集の自由を有する。
1 図書館は，国民の知る自由を保障する機関として，国民のあらゆる資料要求にこたえなければならない。
2 図書館は，自らの責任において作成した収集方針にもとづき資料の選択および収集を行う。
　　その際，
　(1) 多様な，対立する意見のある問題については，それぞれの観点に立つ資料を幅広く収集する。
　(2) 著者の思想的，宗教的，党派的立場にとらわれて，その著作を排除することはしない。
　(3) 図書館員の個人的な関心や好みによって選択をしない。
　(4) 個人・組織・団体からの圧力や干渉によって収集の自由を放棄したり，紛糾をおそれて自己規制したりはしない。
　(5) 寄贈資料の受入れにあたっても同様である。
　　図書館の収集した資料がどのような思想や主張をもっていようとも，それを図書館および図書館員が支持することを意味するものではない。
3 図書館は，成文化された収集方針を公開して，広く社会からの批判と協力

を得るようにつとめる。

第2　図書館は資料提供の自由を有する。

1　国民の知る自由を保障するため，すべての図書館資料は，原則として国民の自由な利用に供されるべきである。

　　図書館は，正当な理由がないかぎり，ある種の資料を特別扱いしたり，資料の内容に手を加えたり，書架から撤去したり，廃棄したりはしない。

　　提供の自由は，次の場合にかぎって制限されることがある。これらの制限は，極力限定して適用し，時期を経て再検討されるべきものである。

(1)　人権またはプライバシーを侵害するもの。
(2)　わいせつ出版物であるとの判決が確定したもの。
(3)　寄贈または寄託資料のうち，寄贈者または寄託者が公開を否とする非公刊資料。

2　図書館は，将来にわたる利用に備えるため，資料を保存する責任を負う。図書館の保存する資料は，一時的な社会的要請，個人・組織・団体からの圧力や干渉によって廃棄されることはない。

3　図書館の集会室等は，国民の自主的な学習や創造を援助するために，身近にいつでも利用できる豊富な資料が組織されている場にあるという特徴をもっている。

　　図書館は，集会室等の施設を，営利を目的とする場合を除いて，個人，団体を問わず公平な利用に供する。

4　図書館の企画する集会や行事等が，個人・組織・団体からの圧力や干渉によってゆがめられてはならない。

第3　図書館は利用者の秘密を守る。

1　読者が何を読むかはその人のプライバシーに属することであり，図書館は，利用者の読書事実を外部に漏らさない。ただし，憲法第35条にもとづく令状を確認した場合は例外とする。

2　図書館は，読書記録以外の図書館の利用事実に関しても，利用者のプライバシーを侵さない。
3　利用者の読書事実，利用事実は，図書館が業務上知り得た秘密であって，図書館活動に従事するすべての人びとは，この秘密を守らなければならない。

第4　図書館はすべての検閲に反対する。

1　検閲は，権力が国民の思想・言論の自由を抑圧する手段として常用してきたものであって，国民の知る自由を基盤とする民主主義とは相容れない。
　　検閲が，図書館における資料収集を事前に制約し，さらに，収集した資料の書架からの撤去，廃棄に及ぶことは，内外の苦渋にみちた歴史と経験により明らかである。
　　したがって，図書館はすべての検閲に反対する。
2　検閲と同様の結果をもたらすものとして，個人・組織・団体からの圧力や干渉がある。図書館は，これらの思想・言論の抑圧に対しても反対する。
3　それらの抑圧は，図書館における自己規制を生みやすい。しかし図書館は，そうした自己規制におちいることなく，国民の知る自由を守る。

図書館の自由が侵されるとき，われわれは団結して，あくまで自由を守る。

1　図書館の自由の状況は，一国の民主主義の進展をはかる重要な指標である。図書館の自由が侵されようとするとき，われわれ図書館にかかわるものは，その侵害を排除する行動を起こす。このためには，図書館の民主的な運営と図書館員の連帯の強化を欠かすことができない。
2　図書館の自由を守る行動は，自由と人権を守る国民のたたかいの一環である。われわれは，図書館の自由を守ることで共通の立場に立つ団体・機関・人びとと提携して，図書館の自由を守りぬく責任をもつ。
3　図書館の自由に対する国民の支持と協力は，国民が，図書館活動を通じて図書館の自由の尊さを体験している場合にのみ得られる。われわれは，図書館の自由を守る努力を不断に続けるものである。

4　図書館の自由を守る行動において，これにかかわった図書館員が不利益をうけることがあってはならない。これを未然に防止し，万一そのような事態が生じた場合にその救済につとめることは，日本図書館協会の重要な責務である。

宣言の採択・改訂とその後の展開

宣言の採択

　1954年5月26～28日に開かれた全国図書館大会および日本図書館協会総会は，「図書館の自由に関する宣言」を採択した。
　これは，直接的には1952年12月の埼玉県公共図書館協議会からの「日本図書館憲章制定促進について」の申し入れの具体化であるが，その背景には，1950年の朝鮮戦争を契機とする社会情勢の逆コース傾向や，秩父市でおきた中島健蔵氏をかこむ座談会にかかわる警察官の同市図書館への立ち入りなどという具体的事件があった。
　さらに，これは宣言採択をめぐる討論のなかでは必ずしも明確に言及されているとはいえないが，戦前における公権力による思想統制の一環として出版物の検閲が強化され，既刊の図書にさえ閲覧規制の措置がとられ，図書館の資料提供機能を著しく阻害し，図書館員の自主規制を余儀なくされ，結果的に「思想善導」の機関としての役割を果たすことになった歴史に対する反省がその基盤となっていることも認識しておかなければならない。
　しかし，1963年の『中小都市における公共図書館の運営』の刊行を契機とする公共図書館の発展がいまだ始まっていなかったこの時期においては，宣言は単なる理念の表明にとどまらざるをえない状況にあった。

図書館の自由の展開

　1965年の日野市立図書館の開館から始まる図書館サービスの発展は，貸出しを中心とする資料提供を核として広がりをみせていくが，そのなかで1967年7

月に NET テレビ制作のテレビドラマのシナリオ中に，図書館の貸出しカードを犯罪捜査に利用するシーンが含まれていることを知った図書館員たちが，その修正を求めたいわゆる練馬テレビ事件がおこり，貸出しという図書館の日常活動が図書館の自由と具体的に結びつくことを明らかにした。これによって利用者のプライバシー保護が図書館サービスのうえで重要なことが認識されたが，この認識は，その後1974年東村山市において図書館設置条例のなかに「利用者の秘密を守る義務」を規定するまでに発展した。こうして宣言は新しい段階を迎えることになった。

　1973年8月に山口県立山口図書館で図書の抜き取り放置事件が発生した。この事件は，同館の新館舎の開館にあたって旧館舎時代開架におかれていた反戦平和問題関係図書など50冊余が段ボール箱に詰められ，書庫の片隅に放置され利用できない状態におかれていたことが利用者の指摘により明るみに出て，図書館の「資料提供の自由」を損なう行為であるとして社会に大きな衝撃をあたえた。横浜事件[注1] の経験をもつ出版評論家美作太郎氏は「書物の中立性を判定できると自負する図書館人が現われた」と批判し，歴史学者林英夫氏は「彼らのいう危険な思想の本の購入を避けることで，危うきに近づかない体制をとることが予想される」と「資料収集の自由」における自己規制の危険性を指摘した。

自由委員会の成立と宣言改訂

　この事件に対し，図書館界は同年10月高知市で開かれた全国図書館大会において宣言再確認の決議を採択し，さらに翌年11月日本図書館協会に「図書館の自由に関する調査委員会」を設置することを決定した。

　この委員会は，(1)宣言の趣旨の普及をはかる，(2)図書館の自由に関する調査研究を行う，(3)図書館の自由に関し必要な情報を提供することを任務とするも

注1　1942～45年に『改造』掲載の細川嘉六氏の論文を契機におこった言論弾圧事件。当時の総合雑誌の編集者の多くが神奈川県特高課によって検挙された。美作氏もこれに連座した。

ので，委員会規程の制定，委員の人選等を経て1975年3月に発足した。

　委員会では，まず1954年の宣言採択のさい保留された副文案を改訂し，その採択をはかることによって，宣言を日常の図書館活動の指針として役立つものにすることを当面の課題として取り上げた。その作業の結果まとめられた草案が1978年3月22日の検討会にかけられたが，その結論は宣言そのものの改訂をも含めてさらに検討すべきであるということであったので，以降数次にわたる草案の公表と館界の公開討議を経て，翌年3月28日の協会評議員会，5月30日の定期総会において満場一致で採択された。これが「図書館の自由に関する宣言　1979年改訂」である。最初の宣言採択から実に25年を経過していた。

宣言1979年改訂の特徴

　この改訂された宣言は，25年間の図書館界の経験を集約し実践に裏付けられたまったく新しいものである。特徴として，次の4点をあげることができよう。
　(1)　宣言の基礎を，日本国憲法が保障する表現の自由においたこと
　(2)　利用者のプライバシー保護を，主文のひとつとして重要な柱に位置づけたこと
　(3)　主文のみでなく，宣言を実践していく具体的指針としての副文をも一体のものとして採択したこと
　(4)　全国図書館人の組織体である日本図書館協会によって採択され，今後の維持に安定した基礎を確保したこと

　この改訂過程で，新たな課題がいくつか提起された。そのひとつは『目黒区史』回収問題である。これは，東京都目黒区が1961～62年に刊行した同書の本文および資料編中に部落問題に関し適切でない記述があるとして，1973年にその回収を求めたものであるが，これに対していったん頒布した図書を回収することは歴史の隠滅につながり，文化遺産として資料保存を任務のひとつとする図書館の機能を否定するものであるとする意見が図書館界では多かった。しかし，一方国民的課題であり民主主義の根幹にかかわる差別解消の視点からみれ

ば，差別を温存するおそれがある資料を自由な利用に供しておいてよいかどうかという意見も強く，図書館活動と部落解放運動の接点で図書館の自由をいかに考えるべきかという課題を提起するものであった。この事件と同様な問題は，その後名古屋市，長野県，富山県，広島県などでも顕在化している。

また，名古屋市では1976年11月，『ピノキオ』の内容が障害者差別を助長するものであるという市民団体の指摘があり，これを受けて市立図書館全館の児童室の書架から同書を引き上げるという事件がおこった。この事件をめぐって館界そのほかで多くの論議が幅広く展開されたが，同市図書館では後に述べる3原則を確認することによって，同書はふたたび書架に戻された。この事件は，差別の問題は部落差別にとどまらず他の分野にもひろく存在する重要な課題であることを図書館界に認識させた。

宣言改訂では，こうした経験を反映させるべく第2項の副文中に，「人権またはプライバシーを侵害するもの」については，提供の制限がありうることを織り込んだ。

宣言に対する社会の反響

旧宣言が採択された翌年，文部省は不良出版物を取り締まる意向を表明し，出版界などから厳しく反対された。その結果，形をかえて「青少年の読書指導のための資料の作成に関する規程」が制定されたが，これも実質的に無視された。1961年には中央公論社事件[注2]や『思想の科学』事件[注3]などがおこり，言論の自由に対する関心がたかまったが，そのなかで美作太郎氏は「図書館の自由に関する宣言は今日なお生きているだけでなく，却ってその重要性を加えつ

注2 『中央公論』1960年12月号掲載の深沢七郎「風流夢譚」が皇族を誹謗したとして，右翼の少年が中央公論社長嶋中氏邸を襲い，夫人らを殺傷したことから，同社が言論の規制を表明した。嶋中事件ともいう。
注3 1961年12月，中央公論社から刊行されていた雑誌『思想の科学』が天皇制特集号を発行しようとしたところ，さきの事件の影響から出版社の判断で刊行を中止し，印刷済みの同号が廃棄された。

つあると思われる」[注4] と宣言にもとづく図書館員の行動を励ました。

　1964年には悪書追放運動とのかかわりで「東京都青少年健全育成条例」が制定されたが，ジャーナリズム研究者香内三郎氏は読書の自由を制約する危険性を指摘し宣言の強化を訴えた[注5]。

　1973年には，先に述べた山口図書館事件がおこり利用者および識者の非難を受けたことは，繰り返す必要はない。翌74年にわが国では初めて，東村山市が「利用者の秘密を守る義務」を条例化した。

　今回の改訂が行われた直後の7月3日，言論法の分野を専門とする法学者清水英夫氏は『朝日新聞』紙上で，「宣言は，情報化社会において，ますます大きな意義を持つことになるであろう」と評価した。宣言採択30周年にあたる1984年の図書館記念日の4月30日『朝日新聞』「天声人語」は「宣言の背後には，かつての図書館が思想善導の機関として国民の知る自由を妨げる役割を果たしたことへの，苦い反省があるようだ」としながら宣言をたかく評価している。このような社会の期待のたかまりのなかで，図書館の自由はようやく市民権を認められつつあるといってよいであろう。

宣言改訂以降の図書館の自由をめぐる問題

　1981年秋に明らかになった愛知県下の高校図書館における資料収集に対する学校管理者の干渉や制限は，同県にとどまらず千葉県その他の地域にも存在することが確認された。この問題をめぐって日本図書館協会学校図書館部会その他の関係者のあいだで関心がたかまり，各種の研究集会等で具体的な論議が展開されている。図書館の自由が，公共図書館以外の図書館においても重要な課題であるという認識がひろまったことは，宣言が掲げる「図書館の自由に関する原則は……すべての図書館に基本的に妥当する」という考えの正当性を裏付けるものといえよう。

注4　「読む自由－序論的な随想」(『ひびや』4(6) 1961.9　p.1～5　『「図書館の自由」に寄せる社会の期待』に再録)

注5　「言論・読書の自由」(『図書館雑誌』58(12)　p.512～515)

一方，図書館における貸出しサービスの増大は，その処理にコンピュータを採用することを不可避のものとする段階に達した。宣言そのものにその対処法を盛り込むことはできなかったが，利用者の読書の秘密を守ることは，コンピュータ処理を採用することになっても変わらない。そこで旧版の解説でもある程度これに言及したが，その後の急速な普及状況にかんがみ1984年5月，「貸出業務へのコンピュータ導入に伴う個人情報の保護に関する基準」を採択し，宣言を補足することにした。

1983年7月に開館した東京都品川区立大崎図書館の開館式に参加した一区議会議員の蔵書目録提出要求に端を発した同区図書館の蔵書偏向発言は，宣言にうたわれた資料収集方針の公開と，これをめぐる住民との対話の重要性を提起した[注6]。これが議員の区議会での質問や要求であったため，資料収集の自由に対する政治的干渉ではないかという批判を生んだが，利用者および住民の具体的な蔵書に関する意見の表明を歓迎し，これに適切に対応していく図書館の姿勢が問われたものであると受け止めるほうが，この経験を生かしていくには重要であろう。

1984年に明らかになった広島県立図書館問題は，先に述べた部落解放運動と図書館の自由の問題以外にも多くの課題を提起した。この問題の詳細については別に刊行した『「広島県立図書館問題」に学ぶ「図書館の自由」』を参照してほしいが，(1)図書館の主体性確立，(2)図書館員の自主規制の危険性，(3)社会が当面する課題に対する図書館の姿勢など重要なものが含まれている。

同館が問題を外にさらけだすことで自らの再生をはかろうとした姿勢は，名古屋市立図書館の『ピノキオ』事件，『名古屋市史』復刻問題などに対する姿勢とともに，具体的な図書館の自由に関する取組みについて大きな示唆をあたえている。

1986年に始まる富山県立近代美術館における天皇コラージュ作品の処置をめ

注6 「品川区立図書館の蔵書リスト提出問題について」(『図書館雑誌』78(3)　p. 137〜139)
　　「品川区立図書館リスト問題のその後」(同上　78(9)　p. 610〜615)

ぐる訴訟で，最高裁の判決（2000年）は，作品の処置は管理者側の裁量に委ねられるとし，国民の知る権利の保障が，いまだ博物館の役割として，法的には認知されるに至っていないことが明らかになった。それはマスコミに大きく取り上げられ，社会の関心を呼んだ。それに関連して，富山県立図書館における図録『'86富山の美術』損壊事件（1990年）は，1995年に犯人の有罪判決が確定した後も，同館は図録の所有権を放棄したまま，欠号となっており，図書館の自由の観点から批判を呼んでいる。

1988年には絵本『ちびくろサンボ』が人種差別を助長する本であるとの批判を受けて，日本では絶版になった。しかしこの絵本が差別書であるかどうかはその後も論議が続いている。

1995年には，東京の地下鉄サリン事件捜査過程での国立国会図書館利用記録53万人分の無差別差し押さえも世論の批判を呼んだ。

1997年の神戸連続児童殺傷事件における少年被疑者の顔写真を掲載した『フォーカス』（同年7月9日号），その検事調書を掲載した『文藝春秋』（1998年3月号），1998年の堺通り魔幼児殺害事件を実名記事にした『新潮45』（同年3月号）など，少年法にかかわって問題となる報道が続発したさい，その資料の提供について公立図書館がマスコミの注目を集めることになり，改めて図書館の自由のあり方が社会的関心のもとに問われることになった。東大和市においては，『新潮45』の閲覧制限は住民の知る権利の侵害であるとして訴訟がおこされたが，判決は，管理者の裁量の自由を優先させ，原告の主張は認められなかった。

そのほか，『タイ買春読本』（1994年初版），『完全自殺マニュアル』（1993年初版）の廃棄要求や閲覧制限要求は住民のあいだでも論議を呼び，やがて有害図書指定の動きになった。時勢の常識という圧力のなかで，国民の知る自由に対する図書館の取組みの姿勢が試されている。

1996年には秋田県で地域雑誌『KEN』が個人のプライバシー侵害を理由に頒布禁止の仮処分が決定され，申立人から県立図書館に利用禁止を求めて「警告書」が送付されるということがおこった。

1997年には，タレント情報本の出版差し止めが認められるということがあり，個人情報をめぐって，以後，出版の事前差し止めの法的判断の事例がいくつか出てくる。

『解説』を刊行することの意義

　1979年10月，宣言改訂の趣旨を早急に普及することを目的として，解説『図書館の自由に関する宣言　1979年改訂』を編集・刊行した後，少なからぬ社会状況の変化もあり，図書館界は，図書館の自由に関して貴重な経験を積んだ。それをふまえて，宣言をより具体的な図書館活動の指針として役立つものにするため，解説の改訂版を編集した。1987年に一度改訂し，今回は二度目である。
　改訂にあたって留意した諸点は，次のとおりである。
 (1) 館界の経験にもとづき新しい事例を取り入れることに努めた。
 (2) 学校図書館における収集の規制
 (3) コンピュータ導入に伴う個人情報の保護基準の採択を取り入れる。
 (4) 情報公開制度の発展に伴う図書館の役割
 (5) 国民の支持と協力にもとづく社会的合意のなかで図書館の自由の発展をはかる。
 (6) 「人権またはプライバシーの侵害」に関する厳密な定義
 (7) インターネットによる情報提供にかかわる問題
 (8) 「子どもの権利条約」の批准に伴う子どもの知る自由への言及
 (9) 多様化する著作権問題と図書館のかかわり
 (10) 住民基本台帳ネットワークにつながるICカードや学籍番号利用の危険性
　このうち(6)以下が今回の改訂の留意点である。

宣言の解説

国民に対する約束

　この宣言は，図書館がその利用者に対してする約束である。図書館が，その機能と所蔵資料を利用しようとする人びとに対して，皆さんの利用について図書館はこのような姿勢で対応しますということを約束しようというものである。従って，この宣言はまず利用者に周知されなければならないし，そのためにはそれぞれの職場で働く図書館員のすべてがこの宣言を理解し，自分たちのものとして「確認し実践」しなければならない。

　図書館の利用者とは，まず日常現実に図書館を利用している人びとであるが，それだけにとどまらない。図書館は「国民に資料と施設を提供すること」を任務としているのであるから，国民の誰でもが利用することを期待している。従って，この宣言は国民すべてに対して図書館の立場とその決意を表明しているものと理解すべきである。

　「図書館の自由に関する宣言　1979年改訂」は，前に述べたとおり日本図書館協会の1979年度定期総会で決議されたものである。従って，この宣言は日本図書館協会に結集する図書館および図書館員の，図書館運営の基本に関する決意の表明であるが，その趣旨からして，図書館界はもとより国民一般にひろく支持されることを強く望むものである。

倫理綱領との関係

　1954年宣言では「図書館のこのような任務を果たすため，我々図書館人は次のことを確認し実践する」として「図書館人」を主語としていたが，1979年改

訂では「図書館」を主語とすることになった。

　改訂時には「図書館員の倫理綱領」制定が検討中であり，そこでは当然ながら図書館員が主語になっていた。この宣言と「倫理綱領」は相補的役割を果たすべきものであるから，宣言では図書館を主語にしたのである。この倫理綱領は，1980年6月4日の日本図書館協会総会において制定された。

　さらに，国民の知る自由を保障することは単に図書館員個々の問題ではなく，図書館という機関が総体として取り組むべき重要な課題であるという認識がそこに含まれている。

図書館は，基本的人権のひとつとして知る自由をもつ国民に，資料と施設を提供することを，もっとも重要な任務とする。

知る自由と図書館の自由

　1954年宣言では「『知る自由』をもつ民衆」という表現で，図書館の自由が民主主義の精神と不可分なことを示唆していたが，1979年改訂では，これをもっと明確に図書館の自由の根拠が日本国憲法で保障されている基本的人権の規定にあることを表明した。

　憲法第21条が保障する表現の自由は，伝統的には「個々人の自由な意見の表明に国家が不当に干渉してはならない」と解されてきた。しかし，表現行為に規制が加えられるならば，それは情報の受け手の自由を侵害することになる。従って，憲法第21条が保障する表現の自由には受け手の知る自由を含むという解釈が一般的になってきた。これが図書館の自由の成立する根拠である。

　1983年6月22日最高裁大法廷は，未決拘禁者の新聞閲読の自由をめぐる国家賠償訴訟の上告審判決において，読書の自由は憲法第21条のみならず，思想及び良心の自由の不可侵を定めた第19条の規定，すべての国民が個人として尊重される旨を定めた第13条の趣旨からみて当然に導かれる権利であるとして，読書の自由を判例として確立した。

　また，1979年にわが国も批准した国際人権規約B規約〔市民的及び政治的

権利に関する国際規約〕においても，このことを次のように明記している。
> 国際人権規約B規約〔市民的及び政治的権利に関する国際規約〕
> 第19条第2項　すべての者は，表現の自由についての権利を有する。この権利には，口頭，手書き若しくは印刷，芸術の形態又は自ら選択する他の方法により，国境とのかかわりなくあらゆる種類の情報及び考えを求め，受け及び伝える自由を含む。

この規約にいう「あらゆる種類の情報及び考えを求め，受け」る自由が，すなわち知る自由であり，図書館は印刷物その他のさまざまな記録媒体に表現された情報・考えをすべての人びとに伝える機関である以上，この知る自由を保障するものでなければならない。

知る自由と情報公開

　国民の図書館利用が公的あるいは私的外部の圧力によって妨げられてはならないとする考えかたに加えて，最近は国民が政府や地方自治体の保有する情報を積極的に利用しようといういわゆる情報公開の制度化にあたって，図書館をその一環として位置づけようという主張が現われている。図書館における政府刊行物や地方行政資料の収集・提供は，そうした主張のなかで情報公開制度を補うものとして，新しい意義をもつことになる。

　また，こうした方向は図書館の自由の理念を拡大し，そのなかに国民の請求権的要素を認めていくものといえよう。

自らの責任にもとづき

　国民は，いろいろな問題について多様な情報や思想を求める自由をもっている。図書館がそうした国民の要求に応えていくためには，個人またはあるグループから要求された資料はもちろん，要求が予想される資料は積極的に収集し，国民の利用に供されなければならない。こうした資料の収集や提供，施設の運営などの業務の遂行は，国民から図書館に付託されたものである。図書館はこの付託に応える責任と義務を有する。第3項の「自らの責任」というのは，こ

ういう図書館の社会的使命を自覚しそこから生じる責任である。

公平な権利

　図書館を利用する権利は，日本国民のみならず日本に居住しまたは滞在する外国人にも保障されるというのが，第5項後段の趣旨である。さらには，国際的な図書館協力を通じて，日本国外にいる人びとにもその権利が保障されるべきことは，先に述べた国際人権規約の趣旨からみても当然である。従って，宣言本文および解説文等に「国民」とのみ書かれているところも，そのように意識して読む必要がある。

　現在，公立図書館がまだ設置されていない地方自治体がある。さらに学校図書館については，学校図書館法の改正により，2003年度より司書教諭の発令が義務づけられたが，発令される司書教諭には図書館の仕事に専念できるという保障はない。そのうえ，12学級に満たない学校は発令が猶予され，それは小中学校のおよそ半数に及ぶ。それらの学校では，当然十分な学校図書館サービスは望めない。

　また，施設や資料の面から障害者の図書館利用が妨げられている例も多い。いまだ，国民すべてが図書館を通じて必要とする資料や情報を入手し利用できる条件は整っていないのである。それは，社会が，ひいては図書館員自身が，図書館利用に障害のある人びとの存在を十分認識できていない結果である。

　こうした悪条件を速やかに解消するよう国や地方自治体の努力が望まれるし，住民や利用者も図書館の整備・充実についての働きかけを強めていくことが必要である。

すべての図書館

　この宣言に述べられている「図書館の自由」に関する原則は，国民の知る自由を保障するためのものであって，国民に公開されている図書館においては，当然この宣言の内容が全面的に実現されなければならない。学校図書館・大学図書館・専門図書館・点字図書館などにおいても，これらの原則が遵守される

べきである。

　特に，学校図書館において教育的配慮に名をかりた読書の自由の規制が一部に存在するが，こうしたことは厳に戒められなければならない。

この任務を果たすため，図書館は次のことを確認し実践する。

　前文において，図書館が国民のなかで果たす社会的役割と任務を明らかにし，「図書館の自由」の意味を確認した。これを受けて，その内容を具体的に展開したものが，以下の第1から第4にわたる項であり，これらの宣言の内容が単なる意見や主張にとどまることなく，日常の図書館活動の実践の場で生き生きとした指針となることを期待する。

　また，図書館の自由に関する認識は図書館員として欠くことのできないものであるから，図書館学教育においても基本的項目として取り上げる必要がある。さらに，図書館における職員研修においても日常業務の再検討と結び付けて具体的に深めていくことが望まれる。

第1　図書館は資料収集の自由を有する。

あらゆる資料要求にこたえる

　この項において，図書館が行う資料収集の原則的立場を示した。資料の収集は，あくまで国民の要求にもとづき，かつ，すべての要求にこたえるために相互協力を含む図書館の総力をあげて行うものである。従って，けっして行政の意向や政治の動向に迎合したり，図書館員の個人的な判断にもとづいて行うべきものではない。このことは，前文に明示された図書館の役割と任務に照らせば自明のことであるが，現実の図書館活動をめぐる複雑な諸条件のもとでは，あらためてわれわれが肝に銘じなければならない原則的な立場である。

資料費の確保と相互協力

　副文のなかでは資料費に言及していないが，図書館が国民の知る自由を保障するためには豊かな資料や整備された施設の裏付けが不可欠である。特に，毎年数万点もの新しい資料が刊行されるわが国においては，個々の図書館が豊富な資料費を確保し多様な資料の収集をはかることは重要な条件である。これを原則としたうえで，それでも満たすことのできない利用者の要求にこたえるため，他館との相互協力によって必要な資料の入手をはかることが必要となる。利用者の読書要求を満たすため相互協力に積極的に取り組むことが望まれる。

収集方針

　今回の改訂では，各図書館が成文化した収集方針をもち，これを「公開して，広く社会からの批判と協力を得るようにつとめる」ことを明文化している。

　収集方針とは，図書館サービスの目的を達成できるような蔵書を形成しこれを維持・発展させるための綱領的文書である。

　図書館は自らの責任において収集方針を作成する。これは，国民の多様な資料要求にこたえる図書館の本質的な機能とこれに対する国民の信頼にもとづいて成り立つのである。従って，収集方針は利用者に公開され，その意見を求め理解が得られるよう，広い社会的合意のもとにつくりだされなければならない。1986年に藤沢市立図書館が新館開設にあたって，その収集方針（案）を公表して市民の意見を求めたのは，そのよい一例である。

　そのためには，事前に図書館協議会や図書館運営委員会の意見を求めるとか，教育委員会などの管理機関の了承を取り付けることが適当である。

　留意すべき点としてあげている(1)から(5)は，収集方針のうち特に重要なものを整理したもので，これですべてがつくされているわけではないが，少なくともこれらは盛り込んでおく必要がある。

　さらに，図書館の所蔵資料に対する市民や利用者からの意見やクレームを，ただちに圧力や干渉・検閲として受け止めることはせず，収集方針やその運用に対するひとつの意見として生かしていくよう，適切な処理手続きを定めてお

く必要がある。これについては，このような事例の多いアメリカの図書館界に学ぶことが多い。

なお，「個人・組織・団体からの圧力や干渉」という文言をこの宣言のなかで各所に使っているが，このうちの組織には国の機関や地方行政機関などいわゆる公権力を含むものとしていることを付言しておきたい。

学校図書館，大学図書館における収集の自由

愛知県，千葉県などの高等学校において，生徒の読書には適切でないという「教育的配慮」にもとづいた学校管理者（教育委員会や学校長）の指示で資料の収集が規制されたという事例が報じられた。この問題について，学校教育と図書館サービスの関係，学校図書館の独立性など検討すべき課題が残されているが，生徒の自立性を育成すべき教育の場においてこのような収集の自由を妨げる行為は許されるべきではない。

大学図書館においても，特定の主張や見解に立つ学生団体や外部の組織からの働きかけで収集の自由に対する圧力や干渉が行われた事例があるが，これは収集の自由のみならず，ひいては大学における教育・研究の自由をおびやかすおそれがあり，毅然とした態度で対処すべきである。

第2　図書館は資料提供の自由を有する。

提供の自由とその制限

山口図書館問題は，「すべての図書館資料を，国民の自由な利用に供する」という原則の重要性をあらためて図書館界に提起し，その再確認を促した。図書館が国民の知る自由を保障する活動を行う場合，常に「すべての資料を自由に」という原則をふまえた確固たる立場を確立しなければならない。

しかしながら，現在の図書館がおかれている社会的諸条件のもとでは，提供の自由に対しいくつかの制限が設けられることもまたやむをえない。

宣言改訂の討議過程で，提供の自由をうたう条項のなかに，これを制限する

項目を入れることの論理的矛盾を指摘する意見があった。逆に，用意した改訂案よりもさらに制限を強めるべきであるとする意見もあった。このように両極の意見が存在するということは，図書館員が図書館活動の現場でさまざまな問題に直面し，それぞれの立場で真剣に対応し，問題の解決に努力している複雑な現実の姿のあらわれと理解すべきであろう。

　この問題は，さらに豊富な経験の蓄積と交流のなかで，新しいより高い段階での対処方針を導きだすための努力によって解決がはかられるべきものである。また，それぞれの図書館がおかれている社会的条件の変化も正しく見極める必要があろう。改訂宣言は，これらの制限項目がおのずから不必要になるような新たな展開を将来に期待して，今日の段階ではこれを「極力限定して適用」することを条件に，三つの制限項目をおくことにした。

人権またはプライバシーの侵害

　宣言の採択時と異なり，プライバシーの権利が憲法の保障する権利に含まれることに，今日ではほとんど異論がないと考えられる。従ってこの制限項目の文言は「プライバシーその他の人権を侵害するもの」と読み替えられるべきである。ここで「その他の人権」とは，表現行為によって社会的不利益や精神的苦痛を余儀なくされる可能性のある名誉や名誉感情の権利を意味するものと解される。

　ところで，この制限項目についてはいくつかの疑問点が指摘されている。ある資料が「侵害するもの」であると判断する基準はどういうものであり，その判断を誰がするのか，また，制限項目に該当する範囲が拡大解釈されることはないのか，利用の制限はどのような方法で行われるのが適当か，などである。

　これらについて，これまでの事例を通じて得られた教訓や反省をふまえて以下のような解説をするが，今後も広く各層の意見を集め，なお一層の社会的合意の形成に努めるべきものである。

1　「侵害するもの」であると判断する基準
　　被害者の人権保護と著者の思想・表現の自由の確保とのバランス，および

国民の知る自由を保障する図書館の公共的責任を考えれば，次のようになるであろう。

(1) ここにいうプライバシーとは，特定の個人に関する情報で，一般に他人に知られたくないと望むことが正当であると認められ，かつ，公知のものでない情報に限定される。

(2) 差別的表現は，特定個人の人権の侵害に直結するものを除き，制限項目に該当しない。

　2001年，雑誌『クロワッサン』（2000年10月10日号）にと場労働者への差別的表現があるとして図書館の取り扱いが報道された問題にさいし，日本図書館協会図書館の自由に関する調査委員会はそれまでの検討事例を集約して，「差別的表現と批判された蔵書の提供について（コメント）」を発表，いわゆる差別的表現それ自体は提供制限の理由にはならないという見解を示した。

　いわゆる「部落地名総鑑」の類の資料や一部の古地図，行政資料などは，これらを利用してある人の出身地を調べれば，その人が被差別部落出身者であるという推定が可能になり，就職差別や結婚差別にただちにつながるおそれがある。これなどは，差別的表現が人権侵害に直結するものの例にあげられよう。

(3) 問題となっている資料に関して人権侵害を認める司法判断があった場合に，図書館はそれに拘束されることなく，図書館として独自に判断することが必要である。

　裁判所が，人権侵害を認定し，著者・出版社など権利を侵害した当事者に，被害者の被害の回復や予防のために命じる措置と，国民の知る自由を保障する社会的責任をもつ図書館が，利用制限の要否について判断することとは別のものと考えるべきである[注7]。

注7　シンポジウム「資料提供とプライバシー保護」（『全国図書館大会記録　平成9年度（第83回）山梨』p. 216〜225)

ちなみに，写真週刊誌『フライデー』肖像権侵害事件の裁判で，原告は，判決内容を告知する付箋を資料に貼付するよう依頼する文書を，全国の主要図書館に対して送付することを求めたのに対し，裁判所は，原告の被害を認定して出版社に損害賠償を命じたが，図書館にかかわる原告の要求は認めなかった（東京高裁判決1990.7.24）。『新潮』1994年4月号所収の柳美里著「石に泳ぐ魚」の公表差し止めを命じた裁判の一審判決も，図書館にかかわる同様な請求を認めなかった（東京地裁判決1999.6.22。この請求棄却について控訴されず，確定）。裁判所は権利侵害の当事者に被害の回復や予防の措置を求める場合も，図書館には独自の判断がありうることを認めているといえるのである。

2　判断の主体と手続き

　その判断は誰がどのような手続きで行うのか。それには，それぞれの図書館が，図書館内外の多様な意見を参考にしながら，公平かつ主体的に意思決定することが求められる。

(1)　各図書館に資料の利用制限の要否および方法の検討，また，利用制限措置をとった資料については，その措置の再検討を行う委員会を設置しておくことが望ましい。

(2)　委員会にはすべての職員の意見が反映されるべきである。

(3)　委員会は，当該資料に関して直接の利害を有する者および一般の図書館利用者の求めに応じて，意見を表明する機会を設けるべきである。

(4)　委員会は個別の資料の取扱いについて検討するとともに，職員に図書館の自由に関する情報と研修・研究の機会を提供することが望ましい。

(5)　図書館は，提供制限の措置をとった場合，理由を明らかにしてそのことを公表することが必要である。

　1976年11月，名古屋市の市民団体が『ピノキオの冒険』を障害者差別の本であるとして出版社に回収を求めたことが報道され，名古屋市立図書館はその貸出・閲覧を停止した。以後3年間にわたり，名古屋市立図書館は障害者団体，文学者をはじめ幅広い市民の合意づくりに努め，1979年10月

に提供制限を解除した。そして，今後，批判を受けた蔵書については，「明らかに人権またはプライバシーを侵害すると認められる資料を除き，資料提供をしながら市民と共に検討」することとして，次の原則を確認した。
1) 問題が発生した場合には，職制判断によって処理することなく，全職員によって検討する。
2) 図書館員が，制約された状況のなかで判断するのではなく，市民の広範な意見を聞く。
3) とりわけ人権侵害にかかわる問題については，偏見と予断にとらわれないよう，問題の当事者の意見を聞く。

3　利用制限の方法

　知る自由を含む表現の自由は，基本的人権のなかで優越的地位をもつものであり，やむをえず制限する場合でも，「より制限的でない方法」（less restrictive alternative の基準）によらなければならない。裁判所が人権を侵害するとして著者らに公表の差し止めを命ずる判断を行った資料についても，図書館は被害を予防する措置として，その司法判断の内容を告知する文書を添付するなど，表現の自由と知る自由を制限する度合いが少ない方法を工夫することが求められる。

4　制限措置の再検討

　人権の侵害は，態様や程度がさまざまであり，被害の予防措置として図書館が提供を制限することがあっても，時間の経過と状況に応じて制限の解除を再検討すべきである。

わいせつ出版物

　刑法第175条のわいせつ文書にあたるという裁判所の判決が確定した資料については，提供の制限はやむをえない。
　しかし，周知のようにローレンス著『チャタレイ夫人の恋人』（伊藤整訳）は，1957年最高裁判所においてわいせつ文書であるという判決を受けたのち，20年

余を経て1979年3月，東京高裁は「四畳半襖の下張り」事件の判決理由のなかで『チャタレイ夫人の恋人』にふれ，「伊藤整訳『チャタレイ夫人の恋人』や澁澤龍彦の『悪徳の栄え』などの文書が現時点においてなおわいせつと断定されるかどうかについては多大の疑問がある」と述べている。『悪徳の栄え』は1969年，『四畳半襖の下張り』は1980年に最高裁で有罪判決を受けたが，その後これら3文書はいずれも無削除で公刊されている。このように，ある時点で裁判所が示したわいせつ文書の判断の基準は，社会の常識や性意識が変化することによって，事実上修正変更されることになるのである。従って，わいせつ出版物の提供の制限も，時期をみて再検討されなければならないものである。そのためにも，「人権またはプライバシーの侵害」の項で述べたと同様な検討のための組織が必要である。

寄贈または寄託資料と行政文書

　日記や書簡などの非公刊資料が図書館に寄贈または寄託されるにさいし，寄贈者または寄託者が，その条件として一定期間の非公開を要求することがある。その理由としては，プライバシーの保護のため，政治上・行政上の必要性にもとづくもの，また著作者人格権のひとつである公表権の保護のためなど，当該資料が未公刊となっていることに関係するものがあげられる。その場合，寄贈者または寄託者のこのような要求をふまえたうえで，ある程度公開が制限されることはやむをえない。

　ただし，図書館としてはその資料は歴史的あるいは社会的に保存する価値があり，将来研究資料として役立つことを予想してこれを受け入れるのであるから，寄贈者または寄託者と協議し，公開できる時期，公開する場合の条件などを事前に明らかにしておき，その制限を最小限にとどめる努力が必要である。

　文書館が未設置の地方自治体において，図書館に行政文書の保管が委託される場合には，文書館において一般的に認められている諸基準に準拠した方針にもとづいて，できるだけそれらを公開していくよう努める必要がある。情報公開制度が発展しつつある現在，これらの公開は特に重要な意味をもっている。

子どもへの資料提供

　1994年に，ようやく日本も「子どもの権利条約」(「児童の権利に関する条約」) を批准し，国際連合憲章のもとに子ども（児童）の権利を保障していくことを約束した。その第13条1に,「あらゆる種類の情報及び考えを求め，受け及び伝える自由」を有することを表明している。それを基本にしたうえで，第17条(e)で「児童の福祉に有害な情報及び資料から児童を保護」する配慮も求めているが，その責任は，まず父母または法定保護者にあると規定している（第18条)。

　すべての人は，多様な情報・資料に接し，それを理解し，判断し，批判することによって自らの主体的な意見を形成し，成長していく権利を有している。それを保障するのは社会の責任である。図書館はその責任の一端を負っているのであり，子どもの場合にも，その主体的な成長を資料提供によって援助していかなくてはならない。そのことをふまえて，権利条約第3条に規定された「児童（子ども）の最善の利益」を実現するよう努めるべきである。

　しかし現実の社会はまさに多様であり，その多様性ゆえに子どもの成長の妨げになるような情報・資料も存在する。そこで図書館が取り組まなければならないのは，基本において子どもの読む自由を保障しながら，彼らが日常的にすぐれた情報・資料と出会うことのできる環境をつくることである。そのことを通じて，子どもの時期から情報・資料の選択能力を高めるよう，すべての図書館は支援していかなければならない。

資料の保存

　国民のあらゆる要求にこたえるため，図書館は収集した資料をいつでも利用に供することができるように保存する責任を負っている。前項までに述べた提供が制限される資料であっても，将来の利用を保障するため，ただちにこれを廃棄するようなことがあってはならない。

　著作物や資料に対する評価は，時代の流れや社会状況の変動によって変わるものであるから，改訂宣言では特に資料保存の責任を明記したのである。『目黒区史』回収事件にみられるような図書の回収要求に対する対応も，この項に

かかわるものである。この事件については，地方史としてたかく評価されている同書の存在を否定するのか，学者・研究者の利用要求にどうこたえるべきであるか，編纂者の判断をまたず刊行者が一方的に回収要求をすることが適切なのかなど多くの問題が指摘された。

　1984年の広島県立図書館問題では，100冊以上の図書が「表現や内容に問題がある」として書架から抜きとられ，あるいは受け入れを保留されて，そのなかの35冊が切断破棄された。

　2002年には船橋市西図書館で「新しい歴史教科書をつくる会」会員の著書を含む蔵書100冊以上が，前年の夏に集中的に廃棄されていたことがわかった。

　収集した資料を，あらかじめ定められた除籍基準によることなく廃棄する，もしくはこれを濫用して廃棄するということは，明らかに図書館の資料保存の責任を放棄したものといわざるをえない。

施設の提供

　図書館に設置されている集会室・展示施設などは，利用者に公平に提供されなければならない。このことは，地方自治法第244条第3項にも明らかにされている。

　唯一の例外は「営利を目的とする場合」であり，これはそうした施設の目的および図書館利用無料の原則からしてやむをえないところである。従って，それ以外の利用は，特定の政党・宗派の活動であっても資料の利用を伴う態様であるならば，これを制限することは適切でないと考えられる。もちろん，特定の政党・宗派に偏することのないよう「公平の原則」を守ることが必要なことはいうまでもない。

　1983年名古屋市千種図書館で原子力問題に関する展示会が開かれた。その後この展示と意見を異にする団体から施設利用の申し込みがあり，これをいったん拒絶したため，同市図書館の自由委員会は，展示についても双方の意見に公平な発表の機会を保障すべきであるという見解を表明し，これにもとづいて同館は展示施設の利用を認めた。いわゆる反論権の保障を図書館の自由のなかに

取り入れるものといえよう。

資料提供の自由と著作権

　図書館の資料提供には，原則として著作権が関係してくる。しかし利用者への自由な資料提供を確保するため，著作権法には，この権利をある範囲で制約する規定が設けられている。一定の条件で図書館等が行う複写サービス（第31条），視覚障害者向けの一定範囲の著作物の利用（第37条第3項），非営利かつ無料の場合の上演，演奏，貸与等（第38条第1項など）である。

　しかし，図書館の利用者に迅速な情報提供を実現するためには，これらの制約だけでは不十分という声がある。通常の手段では図書館資料の利用に支障がある人たち（視覚障害者，読字障害者，肢体不自由者等）の自由な利用（公立図書館等による録音図書の作成等）を実現することは，健常者と同様の情報アクセス環境を保障するために欠かせないことである。しかし，これらは著作権者に及ぼす経済的利益の損失はほとんどないにもかかわらず，現在のところ認められておらず，図書館利用の障壁となっている。

　また，著作権者の所在または個々の著作権の消滅の確認手段が，ほとんど整備されていないにもかかわらず，複写物のファクシミリ送信や，論文集に掲載された一論文全体を複写することを許容する内容となっていないことも，図書館がその役割を十全に果たせない一因となっている。

　それに加え，著作者の権利の制約が撤廃されるという動きがある。現在自由に行うことができる視聴覚資料の閲覧サービスや図書等の貸出しについて，著作権者へ許諾を求めることまたは補償金を支払うことを条件とする方向での法改正が，文化庁の報告書で提言されている。利用者の情報アクセス権を保障する観点からも，著作権者を含めた国民的合意を形成する方向の対応が求められる。

公貸権

　1990年代後半以来の出版不況を背景として，文芸著作者，出版者，書店など

書籍の製作および流通に携わっている側から、図書館の貸出しサービスによって出版物の売上げが減少し、経済的損失が発生しているという批判が出てきた。その論拠は、公立図書館は、大量に複本を購入して無料で大量に貸出しをする、いわば無料貸本屋であり、それだけ著者に入るべき印税が失われているというものである。

そして、この問題の解決方法として文芸作家の団体からは、「新刊本の貸出しを一定期間行わない」とか「同一本の1館あたりの所蔵冊数に上限を設ける」といった方法が提案される一方で、いわゆる公貸権（公共貸与権）の要求も出されている。

公貸権とは、英語の public lending right の日本語訳である。図書館における図書等の貸出回数や所蔵数に応じ、その図書等の著作者に公的に金銭を給付する制度を示す概念であり、権利として行使されるものではない。この制度は、現在のところ、北欧を中心に十数カ国で導入されている。

公貸権が設けられた趣旨は、各国によってさまざまであるが、たとえば北欧諸国では、著作者等の経済的損失を補塡するためではなく、自国の文化や文芸活動を振興するために設けられている。しかし日本の図書館普及状況や出版流通状況を考えた場合、安易にこの制度を導入すれば、資料購入予算の削減や貸出しサービスの抑制などを招き、ひいては知る自由を損なうことにつながるおそれもある。

著作権侵害が裁判で確定した図書館資料の取扱い

著作権侵害が裁判で確定した図書館資料について、その原告から図書館に対し、その資料を提供し続けることが著作権侵害に該当するという理由をあげて、閲覧の禁止や回収を要請されることがある。

この場合に著作権侵害が問題になるとすれば、この行為が著作権法第113条第2項に該当するかどうかということだけであろう。この条文によれば、著作権侵害によって作成された著作物について、「情を知って頒布し、又は頒布の目的をもって所持」すれば、著作権を侵害する行為とみなされる。なお、この

場合の頒布とは,「有償であるか又は無償であるかを問わず,複製物を公衆に譲渡し,又は貸与すること」である。

すなわち,図書館への要請状に確定判決文が添付されていたときには,まさにこの条文の「情（その資料が著作権侵害によって作成されていたこと）を知った」ことになるため,その資料の複写物を提供したり貸し出したりというような,頒布に相当する行為をすると,形式的にはこの条文の要件に該当することになる。

ただこの第113条の規定は,もともと海賊版の流通防止を目的として設けられたもので,このような場合に適用することは疑問である。まして貸出し,あるいは複写を伴わない閲覧サービス,朗読サービスなどまでが違法行為になるという解釈は,どのような観点からもとりえない。

第3　図書館は利用者の秘密を守る。

この条項は,1954年宣言では副文案の「検閲反対」の項目のなかに含まれていたものである。それが独立した主文になったのは,その後警察などの捜査活動が図書館利用者のプライバシーを侵害するおそれのある事例が,各地に生じてきたためである。

1954年宣言成立の時期にもそうした事例があったことは先に述べた。1967年に練馬テレビ事件がおきたことで貸出記録の秘密保持についての関心がたかまり,1974年4月に施行された東京都東村山市の図書館設置条例には「利用者の秘密を守る義務」が盛り込まれた。

<u>東村山市図書館設置条例</u>（同市条例第18号）
　　第6条　図書館は,資料の提供活動を通じて知り得た利用者の個人的な秘密を漏らしてはならない。

この規定が,同館建設のための専門委員会に参加していた住民代表の強い主張によって挿入されたという経過は,住民が自らのプライバシーを守ることに強い関心をもっていることを示している。

このような関心は，貸出しを中心とする図書館活動の発展のなかで，ブラウン式という返却後には貸出記録の残らない方式の普及，それに対する利用者の理解という深い基盤の上に成立したものである。

　1995年3月におきた地下鉄サリン事件捜査に関連して，警視庁は捜索差押令状にもとづき国立国会図書館の利用申込書約53万人分をはじめ，資料請求票約75万件，資料複写申込書約30万件を押収した事件がある。1年余の利用記録すべてである[注8]。

　個人が図書館を利用することで，図書館が知りうる事実として
(1) 利用者の氏名，住所，勤務先，在学校名，職業，家族構成など
(2) いつ来館（施設を利用）したかという行動記録，利用頻度
(3) 何を読んだかという読書事実，リクエストおよびレファレンス記録
(4) 読書傾向
(5) 複写物入手の事実

などがあげられる。いずれも利用者のプライバシーに属することであり，これらの事実は，本人の許諾なしには，他の人にたとえ保護者・家族であっても知らせたり，目的外に使用することは許されない。

　近年，図書館へのコンピュータの導入が進むなかで，その記録蓄積・連結・抽出・統合などの機能によって，個人情報が本人の知らないうちにほかの目的に利用されるおそれが強く指摘されている。

読書事実

　利用者のプライバシーのなかで特に重要なのは，読書事実である。

　読書の自由は，必ずしも表現を伴うとはいえない点で明らかに「内面の自由」であり，個人の心のなかには何びとも立ち入ることを許さないのが近代市民社会の基本原則であるから，公権力の関与などは論外というべきである。この原

注8　「裁判所の令状に基づく図書館利用記録の押収－『地下鉄サリン事件』捜査に関する事例」（『図書館雑誌』89(10)　p. 808～810）

則は，わが国においても先に述べたように1983年6月の最高裁判決において確立されている。

しかし，読書傾向がいかにもその人の行動を律するかのように考え，個人の読書内容を調査しようとする向きが現在でもあることは否定できない。第1項で，利用者の読書事実を特に他の利用事実と区別して取り上げたのはこのような理由による。

読書傾向

個々の読書事実ばかりでなく，個人の読書傾向もまた外部に漏らしてはならない。実際にある大学において，母国からの留学生の読書傾向の報告を求めてきた在日外交機関の例がある。

個々の読書記録の集積がその人の読書傾向であり，これが思想傾向と同一視されるならば明らかに思想調査につながるといわなければならない。

貸出記録の保護

個人の読書事実を示す資料の閲覧・貸出しに伴う記録やレファレンス・サービスの記録は，外部に漏れないように慎重に管理されなければならない。

貸出業務の処理にコンピュータ・システムを利用する図書館が増えているが，日本図書館協会は利用者のプライバシー保護のため，1984年5月，「貸出業務へのコンピュータ導入に伴う個人情報の保護に関する基準」を採択した。同時に「『貸出業務へのコンピュータ導入に伴う個人情報の保護に関する基準』についての委員会見解」を発表し，今日の実情をふまえたデータ処理の外部委託の条件と，貸出利用者のコードの決め方について補足した。

2003年8月に住民基本台帳ネットワークシステム（住基ネット）が稼働したが，上記基準および見解に明示したように，住民基本カードの住民番号を図書館利用カード番号として利用したり，住基ネットに利用者情報データベースをリンクしてはならない。また，他のICチップを利用した図書館利用カードを導入するにあたっても，利用資料の情報を蓄積するようなことがあってはなら

ない。

　大学等において，学籍番号を利用者コードとして利用する事例が増えているが，この場合も，学内の他のデータベースとリンクしてはならない。日野市立図書館の「コンピュータ導入の準則」[注9] などにも学び，利用者のプライバシーを侵害しないよう慎重な運用が望まれる。

　「行政機関の保有する電子計算機処理に係る個人情報の保護に関する法律」（第4，5，9，12条）および，各自治体の個人情報の保護に関する条例に規定された個人情報の保護に関する条項を遵守し，必要最小限の個人データのみを扱って他にリンクしないシステムを形成するほか，運用する職員が，図書館における個人情報の保護の重要性を常に認識するよう努めなければならない。

利用事実

　第2項は，第1項に掲げた読書事実以外の利用事実に関する項である。これらも利用者のプライバシーに属するものであるから，本人の許諾なしに第三者に知らせてはならない。来館のつど，施設の利用に関して，入館記録，書庫立入簿などに住所・氏名を書かせることのないようにし，登録手続きのさいも必要最小限の記録にとどめるようにすることが望ましい。

　文献複写申し込みの記録については，利用者の申し込みが著作権法第31条の要件を満たすかどうかを審査するために行っていることを念頭において，その記録範囲を最小限にしぼり，しかも図書館が慎重に管理し，外部へ漏れることのないようにしなければならない。

　図書館で行われる集会・行事への参加者の名簿も，利用者の行動記録として利用されることがあるから，外部へ漏れないように管理する必要がある。

　要は，そうした記録類が図書館利用の目的以外に使用されないようにすることが肝心であり，それを保障するために東村山市の例が示すように守秘義務を

注9　「コンピュータ導入に伴う利用者情報の保護」（『図書館の自由に関する事例33選』p.178〜183)

条例化していく例が増え，これが国の法制にも一定の影響を与えていくことが期待される。

外部とは

　読書事実および利用事実を漏らしてはならない「外部」とはどの範囲を指すか。

　独立した教育機関としての公立図書館であれば，その組織体としての図書館以外はすべて外部とみなすことが容易である。従って上部機関である教育委員会等も，その行政権限は利用者個々の読書事実，利用事実の報告にまでは及ばないし，そうした報告を求めるべきではないという良識を前提として，外部に含めることができる。

　学校図書館の場合はもっと問題が複雑である。学校図書館はそれを設置している学校の一部局であり，独立した教育機関とはみなしがたい。従って学校外の機関や団体・個人に対してはその自主性を主張できるとしても，その学校内の校長や教頭・教員に対してはどうなるか。

　教員が自ら指導の責任を負っている児童・生徒の読書に関心をもつのは当然であり，そうした情報がなければ個別の教育指導は困難となろう。しかし，読者である児童・生徒の立場に立てば，独立した人格をもっているのであるから，何を読んだかを図書館員以外の教員に知られることを好まないこともあろう。

　従って，読者の人格の尊重と教育指導上の要請の兼ね合いは，教員と児童・生徒の信頼関係と，読書の自由に関する教員の深い理解に立って解決されなければなるまい。児童・生徒の利用記録が容易に取り出せないような貸出方式を採用することは，その前提であろう。

　もうひとつの問題は，親の教育権との関係である。親は子どもの全生活について知りたい欲求をもち読書生活もその例外でないとすれば，親が子どもの読書状況を知りたいと申し出た場合どうするか。この問題は，学校図書館ばかりでなく公立図書館でもおこりうる。これも前述の場合と同様，親子間の信頼関係により解決するほかはなく，一般的には「どうぞお子さんから直接お聞く

ださい」と答えるのが適切であろう。こうした態度が，子どもの人格を認めながらその健全な発達を願う学校図書館員・児童図書館員の姿勢でなければなるまい。

法令との関係

　第1項の最後に，例外として憲法第35条による令状が出された場合があげられている。

　憲法第35条は，個人の財産に対する侵入・捜索・押収は裁判所の発する令状がなければ行えないことを規定している。従って，図書館が保管している個人の読書記録などは裁判所の令状がなければ警察官・検察官にも提示・閲覧させる必要はない。また，刑事訴訟法第197条第2項は「捜査に関し公務所への照会」ができることを規定している。この照会に対し，公務所に報告の義務があるかどうかについては，法曹界においても意見が分かれており一致した見解はみられない。注意すべきことは，照会に対する報告はこれを受けた公務所で行うものであって，照会の文書があっても捜査官の立ち入り調査を認めたものではないこと，この照会に応じなかった場合の罰則規定はないことである。

　これに類似の規定は，同法第279条，弁護士法第23条の2にもある。

　表現の自由・思想の自由にかかわる機関としての図書館は，なによりも読者のプライバシーをはじめとする基本的人権を最大限に擁護することを優先すべきであり，公務所であるからといって法の保護するところを越えてまで協力する必要はないという立場を明確にしておきたい。

守秘義務の及ぶ範囲

　第3項は，以上述べてきた読書事実・利用事実は図書館が業務上知りえた秘密であって，そうした秘密を知りうる立場にある人びとには守秘義務が課せられるということである。

　国公立の機関の場合，正規に雇用されている職員には国家公務員法第100条，地方公務員法第34条によって守秘義務が課されている。しかし，私立の機関の

職員及び公私を問わず最近増えているいわゆるアルバイト雇用者やボランティア協力者には，この規定は適用されない。このような人びとや業務委託を受けた人びとについては，雇用契約や委託契約に業務上知りえた秘密を守る義務のあることを明記し，利用者のプライバシーを守る必要があることを理解してもらうことに努めるべきである。

現在のように，各種の情報手段が発達しひろく流通する時代にあっては，利用者のプライバシー保護が読書の自由を保障する重要な条件のひとつであることを肝に銘じておきたい。

第4　図書館はすべての検閲に反対する。

図書館と検閲

1979年改訂において，54年宣言の主文から「不当な」という表現を削除し，憲法第21条第2項の検閲禁止の規定と合致させた。

検閲とは，出版・放送などの表現を発表前に公権力が審査し，必要なときはその発表を禁止する行為である。表現の自由を保障している憲法第21条があえてその第2項で検閲の禁止をうたっているのは，かりに表現の自由を制約せざるをえない場合であっても，検閲という権力的な手段をとってはならないという趣旨と理解される。

戦前のわが国における出版物の刊行は，出版法等によって厳しく内容が規制され，それに反するとみなされたものは内務大臣の発売頒布禁止処分を受けた。

戦後は新しい憲法のもとで公然たる検閲はありえないはずであるが，1984年12月12日最高裁が初めて合憲判断を示した税関検査をめぐっては，なお検閲にあたるかどうかの論議がある[注10]。

青少年を「有害図書」の影響から守るという趣旨を含む，地方自治体で制定されている青少年保護育成条例についても，図書類の有害指定の方法が個別規

注10　関税定率法第21条

制から包括規制へと強化され，内容も自殺を誘発させるおそれがあるものなどにまで広げられてきた。これらの規制強化は憲法上の論議を呼んでいるが，さらに進んで，国民の言論・表現及び出版の自由を侵すおそれがあると批判が出ている「青少年有害社会環境対策基本法案」の立法化もすすめられている。

　ところで，検閲がすべて不当なものであるというのは，いつの時代にも一貫して定着してきた考えかたであったとはいえない。ゲルホーンは『言論の自由と権力の抑圧』において，「検閲という言葉の使い方はあいまいである」こと，いつの時代にも「検閲は，人間の自由を制限するどころか，むしろ促進する」と考える人たちがいたことを指摘し，「個人の徳の堕落，文化水準の低下および民主主義の一般的保障の崩壊を阻止する手段」として，検閲を擁護する考えかたを検閲反対論と並べて紹介している[注11]。1948年以来，「図書館の権利宣言」において検閲反対をうたっているアメリカ図書館界においても，今世紀の初期には検閲を肯定的に受け止める考えかたが強かった。

　しかし，今日では憲法が明文でこれを禁止しているように，検閲は自由をおびやかすものであるという考えがほぼ定着しているといってよい。

　国民の知る自由に奉仕する図書館活動の基盤を損なう検閲に対して，図書館は反対していかなければならない。

検閲と同様の結果をもたらすもの

　1985年に東京都世田谷区議会で，一区議が親子読書会を偏向していると非難し，図書館の読書会への団体貸出しとそのための蔵書に対して，執拗な攻撃を重ねる事件がおきた[注12]。その後も東京都のいくつかの区議会で，特定政党の批判記事を掲載した週刊誌を名指して図書館から排除することを要求されたこ

注11　『言論の自由と権力の抑圧』（岩波書店　1959）p.58以下
注12　1984年3月以来数度にわたって同区議会で区立図書館団体貸出センターの運営・選書について質問があり，利用団体の選別や図書の選択が偏向していると問題を提起した事件。(「東京・世田谷区における団体貸出をめぐる論議」『図書館雑誌』79(3)　p.136～139，80(9)　p.567～569))

とがあり，1999年末には，過激な性表現を理由に同様のことがおきている。また2001年には，特定団体を批判した図書を所蔵していることを理由に，区立図書館の人事異動を要求した区議会議員もいた。

愛知県や千葉県の高校における校長などによる禁書も，自分の価値観を一方的に押し付けようとする点で共通しており，そうした行為が権力を背景としてなされるときは，検閲と同様の結果をもたらすことになろう。

広島県においてみられたように，教育委員会が特定の資料について「慎重な取り扱い」を各学校などに指示することも，指示を受けた側においては強い拘束力をもったものと受け取られがちである。

また，こうした行為が出版流通過程に向けられた場合，出版者・書店などの自己規制によって，特定の資料が読者の手に渡ることが妨げられることがある。

このように，特に社会的影響力の大きい個人・組織・団体からの圧力は，検閲と同様の結果をもたらすか，あるいは自己規制を生み出しやすいものである。これらに対しては，図書館の自由の原則をふまえて，対処する姿勢を貫いていく必要がある。

図書館における自己規制

公権力による直接的な思想・言論の統制が行われた戦前に対し，戦後は公然たる権力による統制は影をひそめ，権力の意向を配慮した陰微な形での自己規制を求めることが言論統制の主流となっている。前述の山口図書館の図書抜き取り放置事件や広島県立図書館における部落問題関係資料を中心とした図書破棄事件は，図書館におけるその典型である。

カリフォルニア州の公立・学校図書館員に対する図書選択や検閲に関する意識・態度調査では，3分の2以上の図書館員が問題になりそうな図書は自主的に買わないようにしていること，図書に対する苦情をいいたてるのは実は図書館員が最も多いことなどが明らかになっている。専門職制度の不十分なわが国では，こうした傾向は一層強いのではないかと危惧される。

図書館における自己規制としては，購入する図書の選択において最も一般的

にあらわれがちであるが，さらに資料の提供においてもある種の資料に制限を加えたり，ブック・リストに何を収録するかの選択などにもみられることがある。批判を受けることを未然に回避しようとすることで，結果として図書館が検閲者の役割を果たし，国民の知る自由を妨げることに手を貸してはならない。

インターネットと図書館

　インターネットを通じた情報は，今や社会に欠かせないものになった。図書館においても，その情報を提供することは，国民の知る自由を保障するうえで重要である。伝統的な媒体とはまったく違った情報伝達方法であるため，大学図書館や専門図書館のみならず，公立図書館や学校図書館においても，利用者による情報格差を解消するよう努め，誰もが外部の情報資源に自由にアクセスできる環境を，積極的に整えなければならない。

　公立図書館において，子どもも利用するという理由で，サーバー段階でフィルターをかけることは，すべての利用者の知る自由を阻害することになる。また学校図書館や大学図書館でのフィルタリングも，利用者が自ら情報を選択し，批判し，利用する能力（情報リテラシー）を育成する機会を阻害することになる。それぞれの図書館において，利用者の意見をふまえて，情報利用の条件を決めていくべきである。

　なお，フィルタリングとは，フィルター・ソフトなどにより，あらかじめ設定された語句や表現が含まれる情報をアクセスできないようにしたもの，また管理機関等が不適当と判断した画像などをサイトごとに遮断したりしたものなどさまざまである。多くは誰がどのような基準で設定しているか公開されておらず不明な点が多い。特に図書館外のサーバーなどにあらかじめ包括設定されている場合が問題である。

図書館の自由が侵されるとき、われわれは団結して、あくまで自由を守る。

国民の支持と協力

　1984年の図書館記念日にあたる4月30日、『朝日新聞』の「天声人語」は宣言を紹介して「すばらしい」と共感を示してくれた。しかし、一般的には図書館の自由が国民に十分知られているとはいえないし、図書館員のなかでも日常の図書館活動においてこれを利用者に問いかけているかといえば、その弱さは否めまい。

　図書館の自由が本当に国民によって理解され支持されるためには、ひとつひとつの図書館が真に国民の知る自由を保障するよいサービスを日常的に実践していることが不可欠な前提である。それがなくては、どうして図書館が犯罪捜査のため求められた貸出記録の提供を拒むのか、親や教師にも読書事実を示さないかを国民や関係者に十分に納得してもらうことができようか。図書館の自由を日常活動のなかで常に見つめ直すことを進めるためには、名古屋市立図書館のように図書館の自由の問題に取り組む常設の組織をつくることが必要である。

　これに加えて、図書館の自由のもつ意味を利用案内や掲示などを通じてたえず利用者に伝えることも欠かせない。利用者がそうしたものを通じて宣言を知り、その内容を図書館サービスのなかで実感していくことで、はじめて「図書館の自由に対する国民の支持と協力」の基盤が形成されるのである。

不利益処分の救済

　図書館の自由を守る行動において、そのことによって図書館員が不利益な扱いを受けるようなことがあってはならないし、万一そうした事態が生じた場合には、その救済措置が必要となる。そのための確かな方策が用意されていなければ、実践課題としての図書館の自由は単なる理念にとどまってしまうことになる。

図書館の自由を守るためにとった言動によって図書館長が不利益を受けたというケースが顕在化したことはこれまであまりない。不利益処分として想定されるのは配転・訓告・戒告・解雇などであるが，その場合，問題の解決のため当事者から人事委員会への審査請求・裁判所への提訴などの手続きがとられよう。そのさい原告側に必要な援助として，参考になる事例の提供，法律解釈や判例の検討，審理への対応策，闘いのすすめかたに関する情報提供，経済的な支援などがある。

日本図書館協会の責務

　図書館の自由を守る行動によって万一不利益を受けることがあった場合，その人を救済することと，そうしたことがおこらないよう未然の防止に努めることは，職能団体としての日本図書館協会の重要な責務である。

　そうした救済行動が可能であるか，具体的にどのような方策がとれるかについて，協会の現状に照らしてどの程度の現実性があるかという危惧があることは否定できない。しかし，この宣言の改訂が，そうした責務を果たすことが可能なように協会の組織を強化していくという課題をあらためて提起したと考えるのが積極的な姿勢であろう。

　さしあたっては図書館の自由委員会を窓口として，さまざまな事例の収集と調査研究をふまえて情報提供・相談に応じるという活動がさらに強化されなければならない。

　万一の場合の救済となると，法律上の問題や経済的支援が重要な課題となる。そのための研究を今後深めるとともに，これに対応できるよう協会の組織と基盤を強化することが必要になる。アメリカ図書館協会が知的自由の促進と擁護のために，知的自由委員会，知的自由のための事務局に加えて，読書の自由財団を設置し，調停・仲裁および調査のための行動計画をもち，「図書館の反検閲闘争を援助するために ALA は何ができるか」という文書で明らかにしているものが参考になろう。この文書の結びで「以上述べたような具体的支援計画がないかぎり，すべての図書館員が知的自由の原則に自ら参加するようにとい

うALAのよびかけは，実際上偽善的なものとなろう」と指摘しているのを教訓として重視しなければならない。

資料編

貸出業務へのコンピュータ導入に伴う個人情報の保護に関する基準　48
「貸出業務へのコンピュータ導入に伴う個人情報の保護に関する基準」についての
　　委員会見解　50
『フォーカス』(1997.7.9号)の少年法第61条に係わる記事の取り扱いについて(見
　　解)　52
『文藝春秋』(1998年3月号)の記事について＜参考意見＞　53
差別的表現と批判された蔵書の提供について(コメント)　55
青少年社会環境対策基本法案についての見解　56
法令の関係条文　59
世界人権宣言　79
ユネスコ公共図書館宣言　1994年　80
IFLA 図書館と知的自由に関する声明　84
IFLA インターネット宣言　87
デジタル環境における著作権に関する国際図書館連盟の立場　90
図書館の権利宣言(アメリカ図書館協会)　97
知る自由を保障するための図書館の任務に関する声明　99
図書館の自由に関する宣言(案)(1954年図書館憲章委員会)　101
図書館の自由委員会内規　105
図書館の自由に関する調査委員会規程(旧規程)　106
Statement on Intellectual Freedom in Libraries, 1979(JLA)　107

貸出業務へのコンピュータ導入に伴う個人情報の保護に関する基準

社団法人　日本図書館協会
1984年5月25日　総会採択

　私たちは「図書館の自由に関する宣言　1979年改訂」において,「図書館は利用者の秘密を守る」ことを誓約した。さらに, 1980年5月に採択した「図書館員の倫理綱領」においても, このことを図書館員個々の共通の責務として明らかにした。

　近年, 各図書館においてコンピュータがひろく導入され, 貸出業務の機械化が進行している。これに伴って他の行政分野におけると同様, 個人情報がコンピュータによって記録・蓄積されることに, 利用者の関心が向けられつつある。

　コンピュータによる貸出しに関する記録は, 図書館における資料管理の一環であって, 利用者の管理のためではないことを確認し, そのことに必要な範囲の記録しか図書館には残さないことを明らかにして, 利用者の理解を得るよう努めなければならない。さらに, コンピュータのデータは図書館の責任において管理され, それが目的外に流用されたり, 外部に漏らされたりしないこと, そのために必要な方策を十分整備することがぜひ必要である。

　コンピュータ導入は, 大量の事務処理を効率的に行う手段であって, この手段をいかに運用するかは図書館の責任である。いかなる貸出方式をとるにせよ, 利用者ひいては国民の読書の自由を守ることが前提でなければならないことを再確認し, その具体化にあたっては, 以下の基準によるべきことを提言する。

1　貸出しに関する記録は, 資料を管理するためのものであり, 利用者を管理するためのものではないことを前提にし, 個人情報が外部に漏れることのないコンピュータ・システムを構成しなければならない。

2　データの処理は, 図書館内部で行うことが望ましい。

3 　貸出記録のファイルと登録者のファイルの連結は，資料管理上必要な場合のみとする。
4 　貸出記録は，資料が返却されたらできるだけすみやかに消去しなければならない。
5 　登録者の番号は，図書館で独自に与えるべきである。住民基本台帳等の番号を利用することはしない。
6 　登録者に関するデータは，必要最小限に限るものとし，その内容およびそれを利用する範囲は，利用者に十分周知しなければならない。
　　利用者の求めがあれば，当人に関する記録を開示しなければならない。

「貸出業務へのコンピュータ導入に伴う個人情報の保護に関する基準」についての委員会見解

図書館の自由に関する調査委員会

　日本図書館協会は，1984年5月25日の総会において「貸出業務へのコンピュータ導入に伴う個人情報の保護に関する基準」を採択した。
　この基準の検討過程で問題となった論点について，委員会の見解を表明しておきたい。

1 データ処理の外部委託について

　貸出しが図書館奉仕の中核的業務として確認されてきたなかで，貸出記録が資料の貸借関係終了後は図書館に残らない方式が，利用者の読書の自由を保障するために重要であることが確認され，ひろく利用者の支持を得てきた。
　この利用者のプライバシー保護の原則は，コンピュータが貸出業務に導入されることになっても，これまでと同様に守られなければならない。したがって，貸出記録が外部に漏れるのを防ぐためコンピュータによる貸出記録の処理は，本来図書館内で行なわれるべきものである。
　しかしながら，コンピュータの急激な普及に伴い，その保守・運用にあたる態勢が十分に整わないとか，大型機器採用の経済性を重視するなどの理由から，データ処理業務の一部を外部機関にゆだねたり，民間業者に委託したりする事例が生じている。さきに述べた理由から，貸出の処理を委託することは望ましいことではないが，過渡期において一時的にそうした方式を採用することが起こりうる。
　委員会としては，貸出記録の処理は図書館の責任において館内で行うことを原則とし，これを可能にする方式を追求すべきであると考える。
　もし，やむを得ず委託する場合には，委託契約等に厳格な守秘義務を明記す

ることを条件とし，できるだけ早い機会に館内処理に移行するよう措置することを希望する。

2　貸出利用者のコードの決め方について

　貸出業務のなかでは，利用者をコードで表示するのが一般的であるが，基準ではそのコードには図書館が独自にあたえたものを採用することにしている。

　これは，貸出記録を資料管理の目的以外には使用せず，また貸出記録のファイルを他の個人別データ・ファイルと連結利用することを不可能として，利用者のプライバシーを最大限に保護しようという趣旨である。

　基準検討のさい論議された大学図書館等において学籍番号を利用者コードとして利用することは，この番号が教務記録その他学生管理に使用することを目的としたものである点からみて，委員会としては上記の趣旨にそわないものであると考える。

　　　　　　（『「図書館の自由」に寄せる社会の期待』（図書館と自由　6）　1984.10）

『フォーカス』（1997.7.9号）の少年法第61条に係わる記事の取り扱いについて（見解）

平成9年7月4日
社団法人日本図書館協会

1. 写真週刊誌『フォーカス』（1997.7.9号）掲載の，14歳の殺人罪等容疑者の正面顔写真は，少年の保護・更生をはかる少年法第61条に抵触する可能性が高い。
2. すべての図書館資料は，原則として国民の自由な利用に供されるべきであるが，上記の表現は，提供の自由が制限されることがあるとする「図書館の自由に関する宣言」第2－1－(1)「人権またはプライバシーを侵害するもの」に該当すると考えられる。
3. この対応にあたっては，「宣言」第2－2（資料を保存する責任）に留意する。当該誌の損壊・紛失等のないよう配慮が必要である。また，受入・保存を差し控えるような対応或いは原資料に図書館が手を加えることについては，首肯しがたい。
4. 『週刊新潮』についても上記に準ずるものと考える。
5. 各図書館におかれては，以上を踏まえての対応をお願いする。

（『図書館雑誌』vol. 91, no. 8（1997.8））

『文藝春秋』(1998年3月号) の記事について
＜参考意見＞

平成10年2月13日
社団法人日本図書館協会

　標記雑誌に掲載された「少年Ａ犯罪の全貌」について，各図書館，マスコミから問合せがありましたので，当協会として下記のような参考意見をお知らせします。

記

1. 公刊物の表現に名誉毀損，プライバシー侵害の可能性があると思われる場合に，図書館が提供制限を行うことがあり得るのは，次の要件の下においてと考えます。
　①頒布差し止めの司法判断があり，②そのことが図書館に通知され，③被害者（債権者）が図書館に対して提供制限を求めた時。
2. 標記雑誌の当該記事に関する限り，特定の少年を推知させる表現は無く，少年法第61条にかかわる問題は見うけられません。
3. 当該記事にかかわる法的問題は，少年法第22条2項により，非公開であるべき文書が当事者以外に開示されたことにあります。しかし，これは開示した者の責任に帰せられるべきであり，これを報道・提供する側には法的規制は無いと考えます。
4. 法律上，および「図書館の自由に関する宣言」（1979年改訂）にかかわる問題としては，本件は提供制限をする理由を現在のところ見出せません。
5. 以上，当協会としての現段階の検討の内容を，参考意見としてお知らせしました。

なお，本件の出版倫理・社会倫理にかかわる問題については，別途検討すべきものと考えます。

各図書館で主体的な検討をされた上での対応をお願いします。

(『図書館雑誌』vol. 92, no. 3 (1998. 3))

差別的表現と批判された蔵書の提供について
（コメント）

2000.11.16
JLA図書館の自由に関する調査委員会

　図書館界は1970年代から，部落差別や障害者差別をはじめ，差別を助長すると批判を受けた表現や資料の取り扱いについて論議を積み重ね，次のような共通の認識をつくってきました。
　1．差別の問題や実態について人々が自由に思考し論議し学習することが，差別の実態を改善するうえでは必要なことです。
　2．差別を助長すると批判された表現や資料を市民から遮断することは，市民の自由な思考や論議や学習を阻み，市民が問題を回避する傾向を拡大します。
　3．言葉や表現は，人の思想から生まれ思想を体現するものです。差別を助長する，あるいは侮蔑の意思があると非難される言葉や表現も同様です。そして図書館は思想を評価したり判定する，あるいはできる機関ではありません。
　4．批判を受ける言葉や表現は，批判とともにこの国の歴史的状況を構成しています。図書館は，ありのままの現実を反映した資料を収集・保存し，思想の自由広場に提供することを任務とし，また市民から期待されています。
　5．批判を受けた資料の取り扱いについては，特定個人の名誉やプライバシーを侵害する場合以外は，提供を行ないながら住民や当事者の意見を聞き，図書館職員の責任で検討し合意をつくるために努力することが必要です。このことは，『ピノキオ』についての図書館界の真摯な論議の貴重な到達点です。

(『図書館雑誌』vol. 95, no. 1（2001.1））

青少年社会環境対策基本法案についての見解

2001年3月21日
社団法人 日本図書館協会

　参議院自民党政策審議会の下に設置された青少年問題検討小委員会が昨年4月に策定した「青少年社会環境対策基本法案」(当初は,青少年有害環境対策法案。以下,法案)が,議員立法として今国会に提出されようとしています。

　日本図書館協会は,戦前に公立図書館が国家意志を担って「思想善導」と検閲のための機関となった歴史を反省し,戦後,「図書館の自由に関する宣言」(1954年総会決定。1979年改訂)を図書館界の総意として確認し,国民の知る自由・学習する権利を保障することが公立図書館の基本的任務であることを表明しました。少数意見,あるいは不快,危険と批判を受ける表現をも含め,言論・思想が自由に表出され自由にアクセスできることが必要です。それが日本国憲法の原理の求めるところであり,図書館はその実現維持のために不断に努力することを使命とします。

　本法案は,政府と地方公共団体に対し,子ども達の発達に悪影響を与えると考えられる商品や情報を幅広く規制する権限を与えるものです。子ども達が幸せに成長することは社会の願いです。しかしながら,法案はそれに応えるものではなく,次のような重大な問題点をもっています。

　第1に,規制の対象とする表現等の内容の定義が不明確で,恣意的な拡大解釈を許すことです。

　規制を予定する対象を「有害な社会環境」とし,それが「誘発し,若しくは助長する」ものとして性と暴力の逸脱行為に加え,これも曖昧な「不良行為」を例示していますが,なおこの3つに限定してはいません。これらの行為を「誘発し」「助長する等青少年の健全な育成を阻害する恐れのある社会環境をいう」と同義反復して,規制対象とする表現内容を明確に定義していません。これは

規制する表現対象の恣意的拡大を可能にし，表現の自由の萎縮をもたらす立法であり，違憲の疑いが強いものです。

　第2に，政府は1977年度以来，再三「有害」図書類と青少年の「逸脱行動」とを関係づけるべく調査を重ねていますが，「有害」図書類に接することが逸脱行動の原因であるという結果は得られていません。表現と行動の因果関係が科学的に証明できないのですから，どのような表現が逸脱行動の原因であるかを科学的に定義することは不可能で，このことも規制する表現対象の恣意的拡大を可能にします。

　法案作成者の談話によると，子どもに親しまれてきた絵本の『くまのプーさん』でさえ大きなまさかりで殺す場面が出てくるという理由で規制の対象になりかねない状況です。（長岡義幸：強まる「有害」規制の動き『文化通信』2000.2.5号）

　第3に，現在46都道府県で施行されている青少年条例の有害図書類の規制に比べて，規制のレベルが高いことです。

　これら青少年条例の有害図書指定制度は，規制の度を強める一方，一部世論に迎合し，目的逸脱の疑いのある指定事例が見られるとはいえ，多くが第三者審議機関による指定審査や不服申立ての制度を備えて指定の客観性や透明性を図っています。しかしながら，法案にはこのような表現の自由を尊重する制度はなく，全国斉一の行政措置が強力に執行されることを許すものです。

　第4に，政府や地方公共団体などの行政機関に，人の価値観やモラルなど内心の領域への侵入を許すことです。

　例示されている性に関する表現にしても，規制立法は青少年保護が目的とはいえ違憲性の高いものです。例えば衆議院法制局が衆議院文教委員会に提出した見解「『ポルノ』出版物の規制について」（1977年5月13日）の中でも，「そもそも性の問題は，人間存在の根元にかかわることであり，家庭・学校その他の場を通じ，良識による判断・選択により問題の解決が図られるべきもの」と述べられています。

　第5に，政府や地方公共団体などの行政機関に，社会の木鐸たる報道メディ

アに直接介入する権限を与えることです。すでに報道・出版に関わる諸団体から検閲の危険さえ指摘されていますが，私たちもその危惧を抱くものです。

「図書館の自由に関する宣言」改訂から20年経過し，宣言は資料提供の規制や排除などの事例を通じて社会的理解と支持を広げてきました。しかしながら，宣言の基本的精神に反する自己規制が，行政の指示や誘導に基づいて行われる事例が増加しております。本法案が成立すれば，一層それを助長し，ひいては民主主義の根幹である国民の知る権利を著しく阻害する結果になります。

以上の理由により，当日本図書館協会は，本法案が今国会に提出されることに反対を表明します。

(『図書館雑誌』vol. 95, no. 5（2001.5）)

法令の関係条文

[平成16年1月現在]

(1) 利用者の人権について

○日本国憲法
（個人の尊重・幸福追求権・公共の福祉）
第13条　すべて国民は，個人として尊重される。生命，自由及び幸福追求に対する国民の権利については，公共の福祉に反しない限り，立法その他の国政の上で，最大の尊重を必要とする。
（法の下の平等）
第14条　すべて国民は，法の下に平等であつて，人種，信条，性別，社会的身分又は門地により，政治的，経済的又は社会的関係において，差別されない。
（以下略）
（思想及び良心の自由）
第19条　思想及び良心の自由は，これを侵してはならない。
（信教の自由）
第20条　信教の自由は，何人に対してもこれを保障する。（以下略）
（集会・結社・表現の自由，検閲の禁止，通信の秘密）
第21条　集会，結社及び言論，出版その他一切の表現の自由は，これを保障する。
２　検閲は，これをしてはならない。通信の秘密は，これを侵してはならない。
（学問の自由）
第23条　学問の自由は，これを保障する。
（教育を受ける権利）

第26条　すべて国民は，法律の定めるところにより，その能力に応じて，ひとしく教育を受ける権利を有する。(以下略)
（住居侵入・捜索・押収に対する保障）
第35条　何人も，その住居，書類及び所持品について，侵入，捜索及び押収を受けることのない権利は，第33条の場合を除いては，正当な理由に基いて発せられ，且つ捜索する場所及び押収する物を明示する令状がなければ，侵されない。
2　捜索又は押収は，権限を有する司法官憲が発する各別の令状により，これを行ふ。

○個人情報の保護に関する法律（個人情報保護法）

[第15条以下は平成17年4月1日施行]

（目的）
第1条　この法律は，高度情報通信社会の進展に伴い個人情報の利用が著しく拡大していることにかんがみ，個人情報の適正な取扱いに関し，基本理念及び政府による基本方針の作成その他の個人情報の保護に関する施策の基本となる事項を定め，国及び地方公共団体の責務等を明らかにするとともに，個人情報を取り扱う事業者の遵守すべき義務等を定めることにより，個人情報の有用性に配慮しつつ，個人の権利利益を保護することを目的とする。
（利用目的の特定）
第15条　個人情報取扱事業者は，個人情報を取り扱うに当たっては，その利用の目的（以下「利用目的」という。）をできる限り特定しなければならない。
2　個人情報取扱事業者は，利用目的を変更する場合には，変更前の利用目的と相当の関連性を有すると合理的に認められる範囲を超えて行ってはならない。
（利用目的による制限）
第16条　個人情報取扱事業者は，あらかじめ本人の同意を得ないで，前条の規定により特定された利用目的の達成に必要な範囲を超えて，個人情報を取り

扱ってはならない。
2　個人情報取扱事業者は，合併その他の事由により他の個人情報取扱事業者から事業を承継することに伴って個人情報を取得した場合は，あらかじめ本人の同意を得ないで，承継前における当該個人情報の利用目的の達成に必要な範囲を超えて，当該個人情報を取り扱ってはならない。
3　前2項の規定は，次に掲げる場合については，適用しない。
　一　法令に基づく場合
　二　人の生命，身体又は財産の保護のために必要がある場合であって，本人の同意を得ることが困難であるとき。
　三　公衆衛生の向上又は児童の健全な育成の推進のために特に必要がある場合であって，本人の同意を得ることが困難であるとき。
　四　国の機関若しくは地方公共団体又はその委託を受けた者が法令の定める事務を遂行することに対して協力する必要がある場合であって，本人の同意を得ることにより当該事務の遂行に支障を及ぼすおそれがあるとき。

（安全管理措置）
第20条　個人情報取扱事業者は，その取り扱う個人データの漏えい，滅失又はき損の防止その他の個人データの安全管理のために必要かつ適切な措置を講じなければならない。

（第三者提供の制限）
第23条　個人情報取扱事業者は，次に掲げる場合を除くほか，あらかじめ本人の同意を得ないで，個人データを第三者に提供してはならない。
　一　法令に基づく場合
　二　人の生命，身体又は財産の保護のために必要がある場合であって，本人の同意を得ることが困難であるとき。
　三　公衆衛生の向上又は児童の健全な育成の推進のために特に必要がある場合であって，本人の同意を得ることが困難であるとき。（以下略）

○行政機関の保有する電子計算機処理に係る個人情報の保護に関する法律
（行政機関個人情報保護法）

（個人情報ファイルの保有）

第4条　行政機関は，個人情報ファイルを保有する（自らの事務の用に供するため個人情報ファイルを作成し，又は取得し，及び維持管理することをいい，個人情報の電子計算機処理の全部又は一部を他に委託してする場合を含み，他からその委託を受けてする場合を含まない。以下同じ。）に当たつては，法律の定める所掌事務を遂行するため必要な場合に限り，かつ，できる限りその目的を特定しなければならない。

2　個人情報ファイルに記録される項目（以下「ファイル記録項目」という。）の範囲及び処理情報の本人として個人情報ファイルに記録される個人の範囲（以下「ファイル記録範囲」という。）は，前項の規定により特定された個人情報ファイルを保有する目的（以下「ファイル保有目的」という。）を達成するため必要な限度を超えないものでなければならない。

（個人情報の安全確保等）

第5条　行政機関が個人情報の電子計算機処理又はせん孔業務その他の情報の入力のための準備作業若しくは磁気テープ等の保管（以下「個人情報の電子計算機処理等」という。）を行うに当たつては，当該行政機関の長（第2条第1号ロの政令で定める特別の機関にあつては，その機関ごとに政令で定める者をいう。以下同じ。）は，個人情報の漏えい，滅失，き損の防止その他の個人情報の適切な管理のために必要な措置（以下「安全確保の措置」という。）を講ずるよう努めなければならない。

2　個人情報ファイルを保有する行政機関（以下「保有機関」という。）の長は，ファイル保有目的に必要な範囲内で，処理情報が過去又は現在の事実と合致するよう努めなければならない。

（処理情報の利用及び提供の制限）

第9条　処理情報は，法律の規定に基づき，保有機関の内部において利用し，又は保有機関以外の者に提供しなければならないときを除き，ファイル保有

目的以外の目的のために利用し,又は提供してはならない。
2　前項の規定にかかわらず,保有機関の長は,次の各号のいずれかに該当すると認めるときは,ファイル保有目的以外の目的のために処理情報を利用し,又は提供することができる。ただし,処理情報をファイル保有目的以外の目的のために利用し,又は提供することによつて,処理情報の本人又は第三者の権利利益を不当に侵害するおそれがあると認められるときは,この限りでない。
　一　処理情報の本人の同意があるとき,又は処理情報の本人に提供するとき。
　二　保有機関が法律の定める所掌事務の遂行に必要な限度で処理情報を内部で利用する場合であつて,当該処理情報を利用することについて相当な理由のあるとき。(以下略)
(個人情報の電子計算機処理等に従事する者の義務)
第12条　個人情報の電子計算機処理等を行う行政機関の職員若しくは職員であつた者又は前条の受託業務に従事している者若しくは従事していた者は,その業務に関して知り得た個人情報の内容をみだりに他人に知らせ,又は不当な目的に使用してはならない。

○行政機関の保有する個人情報の保護に関する法律

　　　　［前出「行政機関個人情報保護法」を全面改正,平成17年4月1日施行］
(個人情報の保有の制限等)
第3条　行政機関は,個人情報を保有するに当たっては,法令の定める所掌事務を遂行するため必要な場合に限り,かつ,その利用の目的をできる限り特定しなければならない。
2　行政機関は,前項の規定により特定された利用の目的(以下「利用目的」という。)の達成に必要な範囲を超えて,個人情報を保有してはならない。
3　行政機関は,利用目的を変更する場合には,変更前の利用目的と相当の関連性を有すると合理的に認められる範囲を超えて行ってはならない。
(利用目的の明示)

第4条　行政機関は，本人から直接書面（電子的方式，磁気的方式その他人の知覚によっては認識することができない方式で作られる記録（第24条及び第55条において「電磁的記録」という。）を含む。）に記録された当該本人の個人情報を取得するときは，次に掲げる場合を除き，あらかじめ，本人に対し，その利用目的を明示しなければならない。
一　人の生命，身体又は財産の保護のために緊急に必要があるとき。
二　利用目的を本人に明示することにより，本人又は第三者の生命，身体，財産その他の権利利益を害するおそれがあるとき。
三　利用目的を本人に明示することにより，国の機関，独立行政法人等（独立行政法人等の保有する個人情報の保護に関する法律（平成15年法律第59号。以下「独立行政法人等個人情報保護法」という。）第2条第1項に規定する独立行政法人等をいう。以下同じ。）又は地方公共団体が行う事務又は事業の適正な遂行に支障を及ぼすおそれがあるとき。
四　取得の状況からみて利用目的が明らかであると認められるとき。
（正確性の確保）
第5条　行政機関の長（第2条第1項第4号及び第5号の政令で定める機関にあっては，その機関ごとに政令で定める者をいう。以下同じ。）は，利用目的の達成に必要な範囲内で，保有個人情報が過去又は現在の事実と合致するよう努めなければならない。
（安全確保の措置）
第6条　行政機関の長は，保有個人情報の漏えい，滅失又はき損の防止その他の保有個人情報の適切な管理のために必要な措置を講じなければならない。
2　前項の規定は，行政機関から個人情報の取扱いの委託を受けた者が受託した業務を行う場合について準用する。
（従事者の義務）
第7条　個人情報の取扱いに従事する行政機関の職員若しくは職員であった者又は前条第2項の受託業務に従事している者若しくは従事していた者は，その業務に関して知り得た個人情報の内容をみだりに他人に知らせ，又は不当

な目的に利用してはならない。

（利用及び提供の制限）

第8条　行政機関の長は，法令に基づく場合を除き，利用目的以外の目的のために保有個人情報を自ら利用し，又は提供してはならない。

2　前項の規定にかかわらず，行政機関の長は，次の各号のいずれかに該当すると認めるときは，利用目的以外の目的のために保有個人情報を自ら利用し，又は提供することができる。ただし，保有個人情報を利用目的以外の目的のために自ら利用し，又は提供することによって，本人又は第三者の権利利益を不当に侵害するおそれがあると認められるときは，この限りでない。

一　本人の同意があるとき，又は本人に提供するとき。

二　行政機関が法令の定める所掌事務の遂行に必要な限度で保有個人情報を内部で利用する場合であって，当該保有個人情報を利用することについて相当な理由のあるとき。

三　他の行政機関，独立行政法人等又は地方公共団体に保有個人情報を提供する場合において，保有個人情報の提供を受ける者が，法令の定める事務又は業務の遂行に必要な限度で提供に係る個人情報を利用し，かつ，当該個人情報を利用することについて相当な理由のあるとき。

四　前3号に掲げる場合のほか，専ら統計の作成又は学術研究の目的のために保有個人情報を提供するとき，本人以外の者に提供することが明らかに本人の利益になるとき，その他保有個人情報を提供することについて特別の理由のあるとき。

3　前項の規定は，保有個人情報の利用又は提供を制限する他の法令の規定の適用を妨げるものではない。

4　行政機関の長は，個人の権利利益を保護するため特に必要があると認めるときは，保有個人情報の利用目的以外の目的のための行政機関の内部における利用を特定の部局又は機関に限るものとする。

○国家公務員法
（秘密を守る義務）
第100条　職員は，職務上知ることのできた秘密を漏らしてはならない。その職を退いた後といえども同様とする。（以下略）

○地方公務員法
（秘密を守る義務）
第34条　職員は，職務上知り得た秘密を漏らしてはならない。その職を退いた後も，また，同様とする。（以下略）

○行政機関の保有する情報の公開に関する法律（情報公開法）
（行政文書の開示義務）
第5条　行政機関の長は，開示請求があったときは，開示請求に係る行政文書に次の各号に掲げる情報（以下「不開示情報」という。）のいずれかが記録されている場合を除き，開示請求者に対し，当該行政文書を開示しなければならない。
- 一　個人に関する情報（事業を営む個人の当該事業に関する情報を除く。）であって，当該情報に含まれる氏名，生年月日その他の記述等により特定の個人を識別することができるもの（他の情報と照合することにより，特定の個人を識別することができることとなるものを含む。）又は特定の個人を識別することはできないが，公にすることにより，なお個人の権利利益を害するおそれがあるもの。ただし，次に掲げる情報を除く。
    - イ　法令の規定により又は慣行として公にされ，又は公にすることが予定されている情報
    - ロ　人の生命，健康，生活又は財産を保護するため，公にすることが必要であると認められる情報（以下略）

（地方公共団体の情報公開）
第41条　地方公共団体は，この法律の趣旨にのっとり，その保有する情報の公

開に関し必要な施策を策定し，及びこれを実施するよう努めなければならない。

(2) 資料の所蔵・利用について

○刑　法
（わいせつ物頒布等）
第175条　わいせつな文書，図画その他の物を頒布し，販売し，又は公然と陳列した者は，2年以下の懲役又は250万円以下の罰金若しくは科料に処する。販売の目的でこれらの物を所持した者も，同様とする。

○関税定率法
（輸入禁制品）
第21条　次に掲げる貨物は，輸入してはならない。
　　四　公安又は風俗を害すべき書籍，図画，彫刻物その他の物品
　　五　特許権，実用新案権，意匠権，商標権，著作権，著作隣接権又は回路配置利用権を侵害する物品（1～3号，2項以下略）

○著作権法
（貸与権）
第26条の3　著作者は，その著作物（映画の著作物を除く。）をその複製物（映画の著作物において複製されている著作物にあつては，当該映画の著作物の複製物を除く。）の貸与により公衆に提供する権利を専有する。
［（書籍等の貸与についての経過措置）
　附則第4条の2　新法第26条の3の規定は，書籍又は雑誌（主として楽譜により構成されているものを除く。）の貸与による場合には，当分の間，適用しない。］
（図書館等における複製）

第31条　図書，記録その他の資料を公衆の利用に供することを目的とする図書館その他の施設で政令で定めるもの（以下この条において「図書館等」という。）においては，次に掲げる場合には，その営利を目的としない事業として，図書館等の図書，記録その他の資料（以下この条において「図書館資料」という。）を用いて著作物を複製することができる。
　一　図書館等の利用者の求めに応じ，その調査研究の用に供するために，公表された著作物の一部分（発行後相当期間を経過した定期刊行物に掲載された個個の著作物にあつては，その全部）の複製物を一人につき一部提供する場合
　二　図書館資料の保存のため必要がある場合
　三　他の図書館等の求めに応じ，絶版その他これに準ずる理由により一般に入手することが困難な図書館資料の複製物を提供する場合
（点字による複製等）
第37条
3　点字図書館その他の視覚障害者の福祉の増進を目的とする施設で政令で定めるものにおいては，専ら視覚障害者向けの貸出しの用に供するために，公表された著作物を録音することができる。(1, 2項略)
（営利を目的としない上演等）
第38条　公表された著作物は，営利を目的とせず，かつ，聴衆又は観衆から料金（いずれの名義をもつてするかを問わず，著作物の提供又は提示につき受ける対価をいう。以下この条において同じ。）を受けない場合には，公に上演し，演奏し，上映し，又は口述することができる。ただし，当該上演，演奏，上映又は口述について実演家又は口述を行う者に対し報酬が支払われる場合は，この限りでない。(2, 3項略)
4　公表された著作物（映画の著作物を除く。）は，営利を目的とせず，かつ，その複製物の貸与を受ける者から料金を受けない場合には，その複製物（映画の著作物において複製されている著作物にあつては，当該映画の著作物の複製物を除く。）の貸与により公衆に提供することができる。

5　映画フィルムその他の視聴覚資料を公衆の利用に供することを目的とする視聴覚教育施設その他の施設（営利を目的として設置されているものを除く。）で政令で定めるもの［編者注：図書館を含む。］は，公表された映画の著作物を，その複製物の貸与を受ける者から料金を受けない場合には，その複製物の貸与により頒布することができる。この場合において，当該頒布を行う者は，当該映画の著作物又は当該映画の著作物において複製されている著作物につき第26条に規定する権利を有する者（第28条の規定により第26条に規定する権利と同一の権利を有する者を含む。）に相当な額の補償金を支払わなければならない。

（侵害とみなす行為）

第113条　次に掲げる行為は，当該著作者人格権，著作権，出版権又は著作隣接権を侵害する行為とみなす。
一　国内において頒布する目的をもつて，輸入の時において国内で作成したとしたならば著作者人格権，著作権，出版権又は著作隣接権の侵害となるべき行為によつて作成された物を輸入する行為
二　著作者人格権，著作権，出版権又は著作隣接権を侵害する行為によつて作成された物（前号の輸入に係る物を含む。）を情を知つて頒布し，又は頒布の目的をもつて所持する行為（2項以下略）

(3)　施設の利用について

○地方自治法

（公の施設）

第244条　普通地方公共団体は，住民の福祉を増進する目的をもつてその利用に供するための施設（これを公の施設という。）を設けるものとする。
2　普通地方公共団体は，正当な理由がない限り，住民が公の施設を利用することを拒んではならない。
3　普通地方公共団体は，住民が公の施設を利用することについて，不当な差

別的取扱いをしてはならない。

(4) 利用者データの捜索・照会等について

○刑事訴訟法
（差押え，提出命令）
第99条　裁判所は，必要があるときは，証拠物又は没収すべき物と思料するものを差し押えることができる。但し，特別の定のある場合は，この限りでない。
2　裁判所は，差し押えるべき物を指定し，所有者，所持者又は保管者にその物の提出を命ずることができる。
（捜索）
第102条　裁判所は，必要があるときは，被告人の身体，物又は住居その他の場所に就き，捜索をすることができる。
2　被告人以外の者の身体，物又は住居その他の場所については，押収すべき物の存在を認めるに足りる状況のある場合に限り，捜索をすることができる。
（公務上秘密と押収拒絶権）
第103条　公務員又は公務員であつた者が保管し，又は所持する物について，本人又は当該公務所から職務上の秘密に関するものであることを申し立てたときは，当該監督官庁の承諾がなければ，押収をすることはできない。但し，当該監督官庁は，国の重大な利益を害する場合を除いては，承諾を拒むことができない。
（令状）
第106条　公判廷外における差押又は捜索は，差押状又は捜索状を発してこれをしなければならない。
（差押状・捜索状の方式）
第107条　差押状又は捜索状には，被告人の氏名，罪名，差し押えるべき物又は捜索すべき場所，身体若しくは物，有効期間及びその期間経過後は執行に

着手することができず令状はこれを返還しなければならない旨並びに発付の年月日その他裁判所の規則で定める事項を記載し，裁判長が，これに記名押印しなければならない。（以下略）

（執行の方式）
第110条　差押状又は捜索状は，処分を受ける者にこれを示さなければならない。

（捜査に必要な取調べ）
第197条　捜査については，その目的を達するため必要な取調をすることができる。但し，強制の処分は，この法律に特別の定のある場合でなければ，これをすることができない。
2　捜査については，公務所又は公私の団体に照会して必要な事項の報告を求めることができる。

（令状による差押え・捜索・検証）
第218条　検察官，検察事務官又は司法警察職員は，犯罪の捜査をするについて必要があるときは，裁判官の発する令状により，差押，捜索又は検証をすることができる。（以下略）

（領置）
第221条　検察官，検察事務官又は司法警察職員は，被疑者その他の者が遺留した物又は所有者，所持者若しくは保管者が任意に提出した物は，これを領置することができる。

（公務所等に対する照会）
第279条　裁判所は，検察官，被告人若しくは弁護人の請求により又は職権で，公務所又は公私の団体に照会して必要な事項の報告を求めることができる。

○弁護士法

（報告の請求）
第23条の2　弁護士は，受任している事件について，所属弁護士会に対し，公務所又は公私の団体に照会して必要な事項の報告を求めることを申し出るこ

とができる。申出があつた場合において，当該弁護士会は，その申出が適当でないと認めるときは，これを拒絶することができる。
2　弁護士会は，前項の規定による申出に基き，公務所又は公私の団体に照会して必要な事項の報告を求めることができる。

(5)　子どもの図書館利用について

○児童の権利に関する条約（子どもの権利条約）
（児童の最善の利益）
第3条1　児童に関するすべての措置をとるに当たっては，公的若しくは私的な社会福祉施設，裁判所，行政当局又は立法機関のいずれによって行われるものであっても，児童の最善の利益が主として考慮されるものとする。
2　締約国は，児童の父母，法定保護者又は児童について法的に責任を有する他の者の権利及び義務を考慮に入れて，児童の福祉に必要な保護及び養護を確保することを約束し，このため，すべての適当な立法上及び行政上の措置をとる。
3　締約国は，児童の養護又は保護のための施設，役務の提供及び設備が，特に安全及び健康の分野に関し並びにこれらの職員の数及び適格性並びに適正な監督に関し権限のある当局の設定した基準に適合することを確保する。
（意見表明権）
第12条1　締約国は，自己の意見を形成する能力のある児童がその児童に影響を及ぼすすべての事項について自由に自己の意見を表明する権利を確保する。この場合において，児童の意見は，その児童の年齢及び成熟度に従って相応に考慮されるものとする。
2　このため，児童は，特に，自己に影響を及ぼすあらゆる司法上及び行政上の手続において，国内法の手続規則に合致する方法により直接に又は代理人若しくは適当な団体を通じて聴取される機会を与えられる。
（表現・情報の自由）

第13条1　児童は，表現の自由についての権利を有する。この権利には，口頭，手書き若しくは印刷，芸術の形態又は自ら選択する他の方法により，国境とのかかわりなく，あらゆる種類の情報及び考えを求め，受け及び伝える自由を含む。

2　1の権利の行使については，一定の制限を課することができる。ただし，その制限は，法律によって定められ，かつ，次の目的のために必要とされるものに限る。

　(a)　他の者の権利又は信用の尊重
　(b)　国の安全，公の秩序又は公衆の健康若しくは道徳の保護

（思想・良心・宗教の自由）

第14条1　締約国は，思想，良心及び宗教の自由についての児童の権利を尊重する。

2　締約国は，児童が1の権利を行使するに当たり，父母及び場合により法定保護者が児童に対しその発達しつつある能力に適合する方法で指示を与える権利及び義務を尊重する。

3　宗教又は信念を表明する自由については，法律で定める制限であって公共の安全，公の秩序，公衆の健康若しくは道徳又は他の者の基本的な権利及び自由を保護するために必要なもののみを課することができる。

（マス・メディアへのアクセス）

第17条　締約国は，大衆媒体（マス・メディア）の果たす重要な機能を認め，児童が国の内外の多様な情報源からの情報及び資料，特に児童の社会面，精神面及び道徳面の福祉並びに心身の健康の促進を目的とした情報及び資料を利用することができることを確保する。このため，締約国は，

　(a)　児童にとって社会面及び文化面において有益であり，かつ，第29条の精神に沿う情報及び資料を大衆媒体（マス・メディア）が普及させるよう奨励する。

　(b)　国の内外の多様な情報源（文化的にも多様な情報源を含む。）からの情報及び資料の作成，交換及び普及における国際協力を奨励する。

(c) 児童用書籍の作成及び普及を奨励する。
(d) 少数集団に属し又は原住民である児童の言語上の必要性について大衆媒体（マス・メディア）が特に考慮するよう奨励する。
(e) 第13条及び次条の規定に留意して，児童の福祉に有害な情報及び資料から児童を保護するための適当な指針を発展させることを奨励する。

（父母または法定保護者の責任）

第18条 1　締約国は，児童の養育及び発達について父母が共同の責任を有するという原則についての認識を確保するために最善の努力を払う。父母又は場合により法定保護者は，児童の養育及び発達についての第一義的な責任を有する。児童の最善の利益は，これらの者の基本的な関心事項となるものとする。

2　締約国は，この条約に定める権利を保障し及び促進するため，父母及び法定保護者が児童の養育についての責任を遂行するに当たりこれらの者に対して適当な援助を与えるものとし，また，児童の養護のための施設，設備及び役務の提供の発展を確保する。

3　締約国は，父母が働いている児童が利用する資格を有する児童の養護のための役務の提供及び設備からその児童が便益を受ける権利を有することを確保するためのすべての適当な措置をとる。

（教育への権利）

第28条 1　締約国は，教育についての児童の権利を認めるものとし，この権利を漸進的にかつ機会の平等を基礎として達成するため，特に，
(a) 初等教育を義務的なものとし，すべての者に対して無償のものとする。
(b) 種々の形態の中等教育（一般教育及び職業教育を含む。）の発展を奨励し，すべての児童に対し，これらの中等教育が利用可能であり，かつ，これらを利用する機会が与えられるものとし，例えば，無償教育の導入，必要な場合における財政的援助の提供のような適当な措置をとる。
(c) すべての適当な方法により，能力に応じ，すべての者に対して高等教育を利用する機会が与えられるものとする。

(d) すべての児童に対し，教育及び職業に関する情報及び指導が利用可能であり，かつ，これらを利用する機会が与えられるものとする。
(e) 定期的な登校及び中途退学率の減少を奨励するための措置をとる。
2 締約国は，学校の規律が児童の人間の尊厳に適合する方法で及びこの条約に従って運用されることを確保するためのすべての適当な措置をとる。
3 締約国は，特に全世界における無知及び非識字の廃絶に寄与し並びに科学上及び技術上の知識並びに最新の教育方法の利用を容易にするため，教育に関する事項についての国際協力を促進し，及び奨励する。これに関しては，特に，開発途上国の必要を考慮する。

○子どもの読書活動の推進に関する法律（子どもの読書活動推進法）
（事業者の努力）
第5条 事業者は，その事業活動を行うに当たっては，基本理念にのっとり，子どもの読書活動が推進されるよう，子どもの健やかな成長に資する書籍等の提供に努めるものとする。
（関係機関等との連携強化）
第7条 国及び地方公共団体は，子どもの読書活動の推進に関する施策が円滑に実施されるよう，学校，図書館その他の関係機関及び民間団体との連携の強化その他必要な体制の整備に努めるものとする。
（子ども読書活動推進基本計画）
第8条 政府は，子どもの読書活動の推進に関する施策の総合的かつ計画的な推進を図るため，子どもの読書活動の推進に関する基本的な計画（以下「子ども読書活動推進基本計画」という。）を策定しなければならない。（以下略）
（都道府県子ども読書活動推進計画等）
第9条 都道府県は，子ども読書活動推進基本計画を基本とするとともに，当該都道府県における子どもの読書活動の推進の状況等を踏まえ，当該都道府県における子どもの読書活動の推進に関する施策についての計画（以下「都道府県子ども読書活動推進計画」という。）を策定するよう努めなければな

らない。
2　市町村は，子ども読書活動推進基本計画（都道府県子ども読書活動推進計画が策定されているときは，子ども読書活動推進基本計画及び都道府県子ども読書活動推進計画）を基本とするとともに，当該市町村における子どもの読書活動の推進の状況等を踏まえ，当該市町村における子どもの読書活動の推進に関する施策についての計画（以下「市町村子ども読書活動推進計画」という。）を策定するよう努めなければならない。（以下略）

（子ども読書の日）
第10条　国民の間に広く子どもの読書活動についての関心と理解を深めるとともに，子どもが積極的に読書活動を行う意欲を高めるため，子ども読書の日を設ける。
2　子ども読書の日は，4月23日とする。
3　国及び地方公共団体は，子ども読書の日の趣旨にふさわしい事業を実施するよう努めなければならない。

◇東京都青少年の健全な育成に関する条例

（図書類等の販売等及び興行の自主規制）
第7条　図書類の発行，販売又は貸付けを業とする者並びに映画等を主催する者及び興行場（興行場法（昭和23年法律第137号）第1条の興行場をいう。以下同じ。）を経営する者は，図書類又は映画等の内容が，青少年に対し，性的感情を刺激し，又は残虐性を助長し，青少年の健全な成長を阻害するおそれがあると認めるときは，相互に協力し，緊密な連絡の下に，当該図書類又は映画等を青少年に販売し，頒布し，若しくは貸し付け，又は観覧させないように努めなければならない。

（不健全な図書類等の指定）
第8条　知事は，次の各号に掲げるものを青少年の健全な育成を阻害するものとして指定することができる。
一　販売され若しくは頒布され，または閲覧若しくは観覧に供されている図

書類又は映画等で，その内容が，青少年に対し，著しく性的感情を刺激し，またははなはだしく残虐性を助長し，青少年の健全な成長を阻害するおそれがあると認められるもの（以下略）

（指定図書類の販売等の制限）

第9条　図書類の販売又は貸付けを業とする者及びその代理人，使用人その他の従業者並びに営業に関して図書類を頒布する者及びその代理人，使用人その他の従業者は，前条の規定により知事が指定した図書類（以下「指定図書類」という。）を青少年に販売し，頒布し，または貸し付けてはならない。

2　何人も，青少年に指定図書類を閲覧させ，又は観覧させないように努めなければならない。

◇福岡県青少年健全育成条例

（図書類の販売等の自主規制）

第11条　何人も，図書類の内容の全部又は一部が次の各号のいずれかに該当すると認められるときは，当該図書類を青少年に販売し，交換し，貸し付け，贈与し，若しくは頒布し，又は見せ，聞かせ，若しくは読ませないように努めなければならない。

(1)　青少年の性的感情を刺激し，その健全な育成を阻害するおそれがあるもの

(2)　青少年の残虐性を助長し，又は青少年の非行を誘発し，若しくは助長し，その健全な育成を阻害するおそれがあるもの

2　何人も，通信番組の内容の全部又は一部が前項各号のいずれかに該当すると認められるときは，その内容の全部又は一部を青少年に見せ，聞かせ，又は読ませないように努めなければならない。

（注：同条例第2条(4)によれば，通信番組とはインターネットのホームページ，パソコン通信のメッセージその他の電気通信回線設備を利用して伝送される情報で，不特定又は多数の者が視聴可能となるものをいう。）

◇**大阪府青少年健全育成条例**

（インターネット上の情報に係る努力義務）

第23条　インターネットを利用することができる端末装置（以下「端末装置」という。）を青少年に利用させるために設置する施設の管理者その他端末装置を公衆の利用に供する者は，当該端末装置を青少年の利用に供するに当たっては，フィルタリング（インターネット上の情報について，一定の条件により，受信するかどうかを選択することをいう。）の機能を有するソフトウェアの活用その他の適切な方法により，青少年の健全な成長を阻害するおそれのある情報の視聴を防止するよう努めなければならない。

（府の助言等）

第24条　府は，前条の規定に基づく取組についての必要な助言を行い，及び同条に規定する方法の周知に努めるものとする。

世界人権宣言

Universal Declaration of Human Rights

1948年12月10日
国連総会で採択

（前文及び第1～18条　略）

第19条
　すべて人は，意見及び表現の自由に対する権利を有する。この権利は，干渉を受けることなく自己の意見をもつ自由並びにあらゆる手段により，また，国境を越えると否とにかかわりなく，情報及び思想を求め，受け，及び伝える自由を含む。

（第20～30条　略）

（外務省ホームページより　政府仮訳）

ユネスコ公共図書館宣言　1994年

UNESCO Public Library Manifesto 1994

1994年11月採択

　社会と個人の自由，繁栄および発展は人間にとっての基本的価値である。このことは，十分に情報を得ている市民が，その民主的権利を行使し，社会において積極的な役割を果たす能力によって，はじめて達成される。建設的に参加して民主主義を発展させることは，十分な教育が受けられ，知識，思想，文化および情報に自由かつ無制限に接し得ることにかかっている。

　地域において知識を得る窓口である公共図書館は，個人および社会集団の生涯学習，独自の意思決定および文化的発展のための基本的条件を提供する。

　この宣言は，公共図書館が教育，文化，情報の活力であり，男女の心の中に平和と精神的な幸福を育成するための必須の機関である，というユネスコの信念を表明するものである。

　したがって，ユネスコは国および地方の政府が公共図書館の発展を支援し，かつ積極的に関与することを奨励する。

公共図書館

　公共図書館は，その利用者があらゆる種類の知識と情報をたやすく入手できるようにする，地域の情報センターである。

　公共図書館のサービスは，年齢，人種，性別，宗教，国籍，言語，あるいは社会的身分を問わず，すべての人が平等に利用できるという原則に基づいて提供される。理由は何であれ，通常のサービスや資料の利用ができない人々，たとえば言語上の少数グループ（マイノリティ），障害者，あるいは入院患者や受刑者に対しては，特別なサービスと資料が提供されなければならない。

　いかなる年齢層の人々もその要求に応じた資料を見つけ出せなければならな

い。蔵書とサービスには，伝統的な資料とともに，あらゆる種類の適切なメディアと現代技術が含まれていなければならない。質の高い，地域の要求や状況に対応できるものであることが基本的要件である。資料には，人間の努力と想像の記憶とともに，現今の傾向や社会の進展が反映されていなければならない。

蔵書およびサービスは，いかなる種類の思想的，政治的，あるいは宗教的な検閲にも，また商業的な圧力にも屈してはならない。

公共図書館の使命

情報，識字，教育および文化に関連した以下の基本的使命を公共図書館サービスの核にしなければならない。

1　幼い時期から子供たちの読書習慣を育成し，それを強化する。
2　あらゆる段階での正規の教育とともに，個人的および自主的な教育を支援する。
3　個人の創造的な発展のための機会を提供する。
4　青少年の想像力と創造性に刺激を与える。
5　文化遺産の認識，芸術，科学的な業績や革新についての理解を促進する。
6　あらゆる公演芸術の文化的表現に接しうるようにする。
7　異文化間の交流を助長し，多様な文化が存立できるようにする。
8　口述による伝承を援助する。
9　市民がいかなる種類の地域情報をも入手できるようにする。
10　地域の企業，協会および利益団体に対して適切な情報サービスを行う。
11　容易に情報を検索し，コンピュータを駆使できるような技能の発達を促す。
12　あらゆる年齢層の人々のための識字活動とその計画を援助し，かつ，それに参加し，必要があれば，こうした活動を発足させる。

財政，法令，ネットワーク

*　公共図書館は原則として無料とし，地方および国の行政機関が責任を持つものとする。それは特定の法令によって維持され，国および地方自治体によ

り経費が調達されなければならない。公共図書館は，文化，情報提供，識字および教育のためのいかなる長期政策においても，主要な構成要素でなければならない。

* 図書館の全国的な調整および協力を確実にするため，合意された基準に基づく全国的な図書館ネットワークが，法令および政策によって規定され，かつ推進されなければならない。
* 公共図書館ネットワークは，学校図書館や大学図書館だけでなく，国立図書館，地域の図書館，学術研究図書館および専門図書館とも関連して計画されなければならない。

運営と管理

* 地域社会の要求に対応して，目標，優先順位およびサービス内容を定めた明確な方針が策定されなければならない。公共図書館は効果的に組織され，専門的な基準によって運営されなければならない。
* 関連のある協力者，たとえば利用者グループおよびその他の専門職との地方，地域，全国および国際的な段階での協力が確保されなければならない。
* 地域社会のすべての人々がサービスを実際に利用できなければならない。それには適切な場所につくられた図書館の建物，読書および勉学のための良好な施設とともに，相応の技術の駆使と利用者に都合のよい十分な開館時間の設定が必要である。同様に図書館に来られない利用者に対するアウトリーチ・サービスも必要である。
* 図書館サービスは，農村や都会地といった異なる地域社会の要求に対応させなければならない。
* 図書館員は利用者と資料源との積極的な仲介者である。適切なサービスを確実に行うために，図書館員の専門教育と継続教育は欠くことができない。
* 利用者がすべての資料源から利益を得ることができるように，アウトリーチおよび利用者教育の計画が実施されなければならない。

宣言の履行

　国および地方自治体の政策決定者，ならびに全世界の図書館界が，この宣言に表明された諸原則を履行することを，ここに強く要請する。

　この宣言は，国際図書館連盟（IFLA）の協力のもとに起草された。

　　　　　　　　　　　（長倉美恵子・日本図書館協会国際交流委員会　訳）
　　　　　　　　　　　　　　　　　（『図書館雑誌』vol. 89, no. 4（1995. 4））

IFLA 図書館と知的自由に関する声明

International Federation of Library Associations and Institutions
Statement on Libraries and Intellectual Freedom

1999年3月25日
国際図書館連盟理事会承認

　国際図書館連盟（IFLA：The International Federation of Library Associations and Institutions）は，国際連合世界人権宣言に定められた知的自由を支持し，擁護するとともにこれを推進する。

　国際図書館連盟は，人が知識，創造的思考，および知的活動を表現したものにアクセスし，また自分の見解を公然と表明できる基本的な権利を有することを宣言する。

　国際図書館連盟は，知る権利と表現の自由が同一の原則を2つの側面から把握したものだと信じる。知る権利は思想と良心の自由のための必要条件であり，思想の自由と表現の自由は情報への自由なアクセスにとっての必須不可欠の条件である。

　国際図書館連盟は，知的自由を支持することが図書館情報専門職にとっての中核的責任であると断言する。

　したがって，国際図書館連盟は，図書館と図書館職員に対して，知的自由にかかわる諸原則，すなわち無制限の情報へのアクセスと表現の自由を支持するとともに，図書館利用者のプライバシーを認めることを要求する。

　国際図書館連盟は，その会員に対し，これら諸原則の受入れと実現を推進する活動の展開を促すものである。そう促すことにおいて，国際図書館連盟は，以下のことを確認する。

- 図書館は，情報，思想および想像力のある諸作品へのアクセスを提供する。

図書館は，知識，思想および文化に通じる扉（とびら）の役割をになうものである。
- 図書館は，個人と団体の両方に対して，生涯学習，自立した意思決定および文化的発展のために不可欠の支援を提供する。
- 図書館は，知的自由の発展と維持に寄与するとともに，基本的な民主主義的諸価値と普遍的な市民的諸権利を守るうえで役立つものである。
- 図書館は，知識と知的活動が表現されたものへのアクセスを保障するとともにそれを容易にするという両面の責任を帯びている。この目的を果たすために，図書館は，社会の多元性と多様性を反映した出来るかぎり種々様々広範囲にわたる資料を収集し，保存し，利用に供さなければならない。
- 図書館は，図書館資料の選択と図書館サービスの利用が政治的，道徳的，および宗教的諸見解によってではなく，専門職の考慮検討を通じて行われるものであることを保障しなければならない。
- 図書館は，自由に情報を入手し，組織化し，流通させ，あらゆる形態の検閲に反対しなければならない。
- 図書館は，すべての利用者に対して，その資料，施設設備およびサービスに平等にアクセスできるようにしなければならない。図書館は，人種，信条，性別，年齢またはその他のいかなる理由によっても，利用者を差別してはならない。
- 図書館利用者は，個人のプライバシーと匿名性への権利を有するものである。図書館専門職とその他の図書館職員は，図書館利用者の身元ないしは利用者がどのような資料を利用しているかを第三者に開示してはならない。
- 公的資源が充当され公衆がアクセスする図書館は，知的自由の諸原則を支持しなければならない。
- 図書館専門職および当該図書館に勤務するその他の職員は，それらの諸原則を支持する義務がある。
- 図書館専門職とその他の専門的職能をもつ図書館職員は，自分たちの使用者および図書館利用者の双方に対して，自分自身の責任を果たさなければな

らない。それら両者に対する責任の間に葛藤が生じた場合には，図書館利用者に対する義務が優先されなければならない。

この声明は，国際図書館連盟「情報へのアクセスと表現の自由の委員会」により作成され，1999年3月25日にオランダのハーグで開催された国際図書館連盟理事会において承認された。

（日本図書館協会図書館の自由に関する調査委員会　訳
文責：山本順一・井上靖代）
（『図書館雑誌』vol. 93, no. 9（1999.9））

IFLA インターネット宣言

The IFLA Internet Manifesto

2002年8月23日
IFLA グラスゴー大会総会採択

　干渉されずに情報にアクセスできることは，自由と平等，地球規模での理解と平和に不可欠のものである。したがってIFLA（国際図書館連盟）は次のことを強く主張する。
- 　知的自由は，人それぞれが意見をもち，かつ表明する権利，また情報を求め，かつ受け取る権利である。それは民主主義の基本であり，図書館サービスの核心をなすものである。
- 　情報への自由なアクセスは，いかなる地域においても，図書館・情報専門職の中心的な責務である。
- 　図書館・情報サービス機関は，なんらの干渉なしにインターネットへのアクセス・サービスを利用者に提供して，地域社会と個人の自由，繁栄，および進歩の達成を支援する。
- 　情報流通に対する障壁，特に不平等や貧困，絶望を助長するような障壁は除去されなければならない。

情報，インターネット，図書館・情報サービス機関への自由なアクセス

　図書館・情報サービス機関は，地球規模での情報源および思想・創造的著作物と人々とを結びつける活気にみちた組織である。図書館・情報サービス機関は，すべてのメディアにおける人間的表現と文化の多様さとの豊かな蓄積を利用可能にする。

　地球規模でのインターネットは，町から離れたいちばん小さな村落に住んでいようと，あるいは最大の都市にいようと，世界中の個人とグループが情報に平等にアクセスできるようにし，それによって個人的成熟，教育や知的刺激，

豊かな文化や経済活動，広い見聞や知識に基づいた民主主義への参加が可能になる。人は，自らの関心や知識，文化を世界のどこにでも発信することができる。

図書館・情報サービス機関は，インターネットへの不可欠な入口を提供する。ある人々にとっては，利便と案内と援助を提供する機関であり，また他の人々にとっては利用し得る唯一のアクセス・ポイントである場合がある。これらの機関は，情報源や技術，訓練の相違によって生じる利用上の障壁をのりこえるのに必要な仕組みを提供するのである。

インターネットによる情報アクセスの自由に関する原則

インターネットとその情報源のすべてへのアクセスは，国際連合の世界人権宣言，特に次に述べるその第19条と一致していなければならない。

すべての人はそれぞれに意見をもち，それを発表する自由を権利としてもつ。この権利は，干渉されることなく意見をもつ自由と，どんな種類のメディアであれ，また国の違いを越えて，情報と思想を求め，受け取り，かつ伝える自由を含んでいる。

インターネットの地球規模での相互接続は，この権利をすべての人々が享受できるようにするための一つの手段である。したがってこのアクセスは，いかなる形であれ，思想的または政治的，宗教的干渉にも，あるいは経済的障壁にも屈してはならない。

図書館・情報サービス機関はまた，地域社会のすべての成員にサービスする責務がある。これは年齢や人種，国籍，宗教，文化，政治的立場，身体上または他の制約の有無，性別や性的志向，あるいは他のいかなる条件をも問わない。

図書館・情報サービス機関は，利用者が自らの選択に基づいて情報を求める権利を支援しなければならない。

図書館・情報サービス機関は，利用者のプライバシーを尊重すべきであり，利用した情報源を公表すべきではないことを認識しなければならない。

図書館・情報サービス機関は，質の高い情報とその伝達において，その利用を円滑にし，かつ促進する責任を有する。利用者は，その選択した情報源とサー

ビスを自由にかつ確信に基づいて使えるように，必要な技術と適切な環境の援助を受けるべきである。

　インターネット上には，多くの価値ある情報源のほかに，不正確で誤解させられたり，時にはいらいらさせられるようなものもないわけではない。図書館員は，インターネットと電子情報の能率的かつ効果的な使い方を利用者が学べるように,情報と情報源を提供すべきである。図書館員は，質の高いネットワーク化された情報を，子どもや若者たちを含むすべての利用者が信頼し，かつ容易に使えるように，先を見越して行動すべきである。

　図書館・情報サービス機関では，他の中核的なサービスと同様，インターネットへのアクセスは無料とするべきである。

宣言の実行

　IFLA は，国際機関に対し，世界中あまねくインターネットにアクセスできる状態にすることを支援すること，特に開発途上国において，インターネットによって提供される情報の地球規模での利益を獲得できるようにすることを，強く提言する。

　IFLA は，各国政府に対し，国民すべてがインターネットにアクセスできる国家的情報基盤を構築するよう，強く提言する。

　IFLA は，すべての政府に対し，図書館・情報サービス機関を通してインターネット上で入手できる情報が，干渉されることなく流通するように支援し，そのアクセスの検閲や禁止に反対するよう，強く提言する。

　IFLA は，国家的および地域的に図書館の方針や政策，計画を立てる図書館界の人々とその決定権をもつ人々に対し，この宣言において表明された基本原則を実現するよう，強く要請する。

この宣言は,国際図書館連盟・情報へのアクセスと表現の自由の委員会(IFLA/FAIFE) により起草された。

（日本図書館協会図書館の自由委員会　訳）

デジタル環境における著作権に関する国際図書館連盟の立場

IFLA Position on Copyright in the Digital Environment

2000年8月21日
IFLA エルサレム年次大会で採択

　国際図書館連盟は，広く世界的な視野から，図書館と情報の仕事のあらゆる側面に関する調査研究に取り組み，支援し，調整し，また図書館情報業務のあらゆる側面についての情報を広く伝えるために，そしてこの分野における会合や研修を組織するために存在する国際的な非政府組織である。

　国際的な著作権論議の場において，国際図書館連盟は世界の図書館とその利用者の利害を代表する。著作権法は，図書館が行っていることの多くに影響を与えている。それは，図書館がその利用者に提供しうるサービスに影響を及ぼし，図書館が著作権ある資料へのアクセスを提供できる諸条件は情報探索の水先案内人としてどのようにサービスしうるかという態様に影響を与え，また図書館が行いうる効果的な保管，保存にかかわる諸活動の姿を決めてしまうことになりかねない。まさにこのような理由から，国際図書館連盟は国際的な著作権論議に参加する。

均衡のとれた著作権はすべての人びとのためのものである

　図書館員たちと情報専門職たちは，その利用者たちが得たい著作権ある著作物とそこに含まれる情報と思想へのアクセスのニーズを認識するとともに，それを支援しようと努めている。彼らはまた，著作者や著作権者がその知的財産にもとづき公正な経済的対価を得たいとするニーズも尊重している。著作物への効果的なアクセスは，著作権制度の諸目的を達成するために必要不可欠であ

る。国際図書館連盟は，権利保有者に対して強力で効果的な利益保護を与えるとともに，創造性，革新，研究開発，教育と学習を促進するために，著作物に対し合理的なアクセスを与えることにより，社会全体の発展をうながす均衡のとれた著作権法を支持する。

　国際図書館連盟は，著作権の効果的な執行を支持し，増加を続ける地域的な遠くはなれた電子的情報資源へのアクセスを規整するとともに，それを容易にするうえで，図書館が決定的な役割を果たすことを認識している。図書館員たちと情報専門職たちは，著作権を尊重することを促進し，印刷媒体であるか，デジタル環境であるかを問わず，盗用，不公正な利用，そして無権限の利用から著作権ある著作物を積極的に保護するものである。図書館は，従来より，著作権法の重要性について利用者たちに知らせるとともに，その旨を教育するうえで，またその遵守を奨励することにつき，一定の役割をになっていることを理解してきた。

　しかしながら，国際図書館連盟は，著作権の過度な保護が情報と知識へのアクセスを不当に制限することになり，民主主義の伝統をおびやかし，社会的正義の諸原則に悪影響を与えかねないと主張せざるをえない。著作権があまりに強く保護されることになれば，競争と革新が制限され，創造性の芽が摘み取られてしまう。

デジタル環境において

　現在，デジタル形態の情報生産が増大し続けている。新しいコミュニケーション技術は情報へのアクセスを改善するうえでこれまでにない大きな機会をもたらしたし，技術の進歩により，距離が遠く離れていたり，あるいは経済状態に恵まれない人びとにとって，コミュニケーションと情報へのアクセスが改善できる可能性が拡大した。しかしながら，技術はまた社会を情報富裕層と情報貧困層の2層分化を促進させる可能性をもつことを，わたしたちは知っている。デジタル環境において，著作権ある著作物への正当なアクセスが維持されないとすれば，対価を支払うことのできない人びとにとっては，情報アクセスを拒

否する障壁がいま以上に大きなものとなってしまう。

　図書館は，情報社会において，あらゆる人びとのために，情報アクセスの確保に関し，重要な役割を演じ続けるであろう。適切に機能する国レベルと国際的レベルの図書館情報サービスのネットワークは，情報へのアクセスを提供するうえできわめて重要である。伝統的に，図書館は，今日にいたるまで，著作権ある著作物の複製を購入し，その保有する資料コレクションに加え，利用者に対し適切なアクセスを提供することができた。しかしながら，将来において，デジタル形態の情報へのアクセスと利用がことごとく対価を支払わざるをえないということになるとすれば，その利用者に対して情報アクセスを提供するという図書館の機能はきびしい制限をうけることになる。著作権保有者と図書館利用者との間の利害の均衡を維持するために，国際図書館連盟は以下の諸原則を確認する声明を作成した。

デジタルでも異なるところはない

　ベルヌ条約は，ベルヌ同盟の加盟国に対して，著作物の通常の利用と矛盾せず，著作者の正当な諸利益に損害を与えることのない，一定の特別な場合に例外措置をとることを認めている。

　1996年，世界知的所有権機関（WIPO）の加盟国は，デジタル環境に適合するよう著作権法を更新するべく，二つの条約を採択した。現行の例外的諸規定と，著作権制限諸規定がデジタル環境のもとで推進され，拡大され得ることを確認し，世界知的所有権機関加盟国は「デジタルの場合は別だ」という主張を否定した。締約諸国は，デジタル環境において，そのような著作権制限諸規定を推進し，それらを拡大し，またそれが適切な場合には新たな例外措置を創設することが許されている。

　国際図書館連盟は，教育や調査研究のように，公共的利益の範囲内にあり，公正な慣行に一致する諸目的に該当する場合には，図書館や市民に対して，著作物へのアクセスが認められ，しかも無償であるとする例外的措置が与えられなければ，対価を支払える人たちだけが情報社会の恩恵を享受しうるという危

惧が現実のものとなりかねない，と断言する。このことは情報富裕層と情報貧困層との間の格差をさらに一層大きなものとするであろう。さらに言えば，著作権法上，視覚，聴覚，ないしは学習能力に障害をもつ人たちに対して，差別があってはならない。それをアクセス可能とするために資料の形式変換を行うことは，著作権の侵害行為と考えられるべきではなく，合理的な情報アクセスの手段と考えられるべきものである。

＊

1. 国レベルの著作権立法においては，ベルヌ条約に認められ，WIPO条約によって是認された著作権および著作隣接権に対する例外的諸規定は，著作権制限の認められた諸利用が電子形態の情報にも印刷形態の情報にも等しく適用できるよう，必要な場合には，改正されなければならない。
2. これら著作権制限諸規定の範囲を超える複製を対象として，行政的に単一の著作権使用料金体系が定められるべきである。
3. 著作権ある資料の使用に付随する暫定的もしくは技術的複製は，複製権の対象範囲から排除されなければならない。

　　※編集部注　ここでいう複製とは，デジタル形式の著作物にアクセス（著作物を利用）するための一時的なハードディスクへの蓄積などをさす。

4. デジタル形式の著作物については，図書館利用者のすべては，対価の支払いまたは使用許諾を求められることなく，
   ・公然と利用可能な著作権ある資料が閲覧でき，
   ・図書館では公然と市場で販売されている著作権ある資料を，館内でまたは館外から，個人的に読み，聞き，または見ることができ，
   ・個人的，教育的または調査研究のための利用目的で，1個の著作権あるデジタル著作物の適切な分量にあたる一部を利用者自身で複製できるか，利用者のために，図書館情報機関職員の手によって複製してもらえなければならない。

情報資源の共有

　資源共有は，教育，民主主義，経済成長，保健・福祉，および個人の成長において，決定的な役割を演じている。それは，別な方法では情報を求める利用者，図書館，または国が利用できないであろう広範な情報へのアクセスを促進する。資源共有は費用節減のはたらきをするだけでなく，経済的，技術的，または社会的理由から，その情報に直接アクセスできない人びとに対して，利用可能性を拡大するはたらきをする。

*

5．研究開発または調査研究のような正当な目的のために，利用者に対して，デジタル形式の法的に保護された著作物へのアクセスを提供することは，著作権法のもとで認められる行為でなければならない。

貸出サービス

　非営利の公衆への貸出サービスは，伝統的に著作権法によって規制される活動とはされてこなかった。公衆への貸出サービスは，文化と教育にとって，不可欠である。貸出用所蔵資料の一部を構成し，また今後その一部を構成するあらゆる形態で蓄積されたすべての情報は，利用可能なものとされるべきである。一方，貸出サービスは，商業的に製品化された情報のマーケティングを助け，その販売を促進する効果をもつ。現実に，図書館は，あらゆる形態をとる情報の販売促進の触媒のはたらきをしている。したがって，貸出サービスに対して法的ないしは契約によって制限を加えるとすれば，図書館ばかりか，著作権保有者にとっても，不利益をこうむることになるであろう。

*

6．図書館が物理的実態をもち発行されたデジタル資料（たとえばCD-ROM）を貸し出すことは，立法によって制限すべきではない。

7．たとえば，使用許諾契約のなかに定められた契約上の諸規定は，図書館情報機関職員によって行われる電子的情報資源の適切な貸出サービスを阻害するものであってはならない。

保存

　図書館は，情報を収集し，保存する。事実上，情報と文化の保存についての責任は図書館情報専門職に属するものである。著作権法は，図書館が保存技術を改善するために新しい技術を利用することをさまたげてはならない。

*

8. 図書館や公文書館が，保存に関係する諸目的を果たすために，著作権で保護された資料をデジタル形式に変換することを認める立法がなされなくてはならない。
9. また，電子メディアの法定納入制度を定める法律が制定されなければならない。

契約とコピー・プロテクション・システム

　著作権保護は，当然のことであるが，著作物の利用と新たな著作物を生み出す創造性を促進するものであるべきで，それらを抑制するものであってはならない。著作権法は権利保有者に著作権に対する例外的措置と制限規定を乗り越える技術的または契約的諸方策に訴える権限を与えるべきではなく，また国際的および国内的な著作権立法において均衡の体系をゆがめてはならない。使用許諾契約は著作権法制を補完すべきものであって，それに置き換わるべきものであってはならない。情報の規制ではなくて，情報へのアクセスが著作物の利用を増大させる。実際，調査研究の示すところによれば，技術的保護によって過度に著作物の利用を規制することは，新たな著作物の生産を抑え，逆効果を招くということになっている。著作権侵害行為を防止する技術的措置の回避が出てくることは，避けられない。

*

10. 国レベルの著作権立法を行い，権利保有者が利用者に対して使用許諾契約上の諸条件に関する交渉の機会を与えることなく，一方的に使用許諾契約を定める場合，著作権法に具体的に規定された例外的規定や著作権制限規定に限定を加えたり，それらを乗り越える使用許諾契約条項を盛り込んだときに

は，それらがどのようなものであれ無効なものとすべきである。
11. 国レベルの著作権法は，技術的手段を通じてみずからの諸権利を守ろうとする著作権者の権利と，正当で侵害の意図をもたない目的でそのような技術的措置を回避する利用者の諸権利との間の均衡をとることをめざすべきである。

著作権侵害に対する責任

　もっとも，仲介者としての図書館は，著作権法の遵守を確保するうえで重要な役割を演ずるものではあるが，著作権侵害の責任は究極的には侵害者が負うべきものである。

＊

12. 著作権法は，その遵守を強いることが現実的，もしくは合理的でない場合には，第三者の責任についての明確な制限規定を明文で定めるべきである。

（山本順一　訳）

（『図書館雑誌』vol. 94, no. 12（2000. 12））

図書館の権利宣言

Library Bill of Rights

1948年6月18日
アメリカ図書館協会採択
改正：1961. 2. 2　1967. 6. 27
1980. 1. 23　1996. 1. 23

　アメリカ図書館協会は，すべての図書館が情報と思想のひろばであり，以下の基本方針が，図書館サービスの指針となるべきであるということを確認する。

1. 図書およびその他の図書館資源は，その図書館が奉仕する社会のすべての人びとの関心，情報および啓発に役立つように提供されるべきである。資料は，その創造にかかわった人たちの出身，経歴あるいはその見解を理由として排除されてはならない。
2. 図書館は，今日および歴史上の諸問題について，さまざまの観点にたつ，すべての資料および情報を提供すべきである。資料は，党派あるいは主義の上から賛成できないという理由で，締め出され，または取り除かれることがあってはならない。
3. 図書館は，情報を提供し啓発するという図書館の責任を達成するために，検閲を拒否すべきである。
4. 図書館は，表現の自由および思想の自由の抑圧に抵抗することにかかわるすべての人びと，団体と協力すべきである。
5. 図書館の利用に関する個人の権利は，その人の出身，年齢，経歴あるいは見解によって拒否され，または制限されることがあってはならない。
6. 展示スペースおよび集会室を，一般の利用に供している図書館は，それらの利用を求める個人または団体の信条，所属関係にかかわりなく，公平な基

準で施設を利用に供すべきである。

(日本図書館協会図書館の自由に関する調査委員会　訳)

知る自由を保障するための図書館の任務に関する声明

社団法人　日本図書館協会

　日本図書館協会は，1975年以来，委員会を設置して，憲法で保障されている表現の自由を守るために図書館のとるべき態度と方針について検討をすすめておりましたが，本日，東京で開催された本協会の定期総会において，別添の「図書館の自由に関する宣言　1979年改訂」が可決承認されました。

　わたくしたち図書館員は，いまから25年前，1954年5月に開催された全国図書館大会において，「図書館の自由に関する宣言」を採択しました。それは，「知る自由」を権利として有する国民に，収集した図書，視聴覚資料，その他の資料と集会室等の施設を提供することが図書館の重要な任務であるとの認識に立って

　1．図書館は資料収集の自由を有する
　2．図書館は資料提供の自由を有する
　3．図書館はすべての不当な検閲に反対する

という三か条と，これらの自由が侵されようとするとき，団結して，あくまで自由を守るという内容のものでありました。

　その後十数年間は，図書館の自由を侵害するような事件が顕在化することが少なく，そのために宣言の維持発展をはかる日常活動を怠ったことを，今となっては反省するのであります。しかし，1970年代に入って，図書館の振興がはかられ，図書館を利用する住民が増加し，図書館という存在が従前より身近なものになるにつれて，図書館の自由にかかわる事件がたびたび表面化するようになったのであります。発行所から寄贈図書の回収を要求されたり，あるいは警察から利用事実の報告を求められたり，あるいは問題のある資料の提供について図書館の責任が問われるなどの事件が，あいついで発生し，その一部は新聞

にも報道されて，今日にいたっております。

　図書館が収集し保存している図書その他の資料を，たといその一部でも破棄することは，過去から受けつぎ後の世代に伝えるべき文化的遺産を滅却することを意味し，あるいは，自分たちと異なる思想の存在を否定するような行為は民主主義の根幹をゆるがすものであって，図書館は，これらの干渉に対して，あくまで冷静に慎重に対処しなければならないと，わたくしたちは考えます。民主主義は寛容の精神によって支えられており，不寛容は人びとの自由と平和を危険におとしいれるものであります。しかしながら，国民の学習権と知る自由を保障し，文化的遺産を後世に伝えるという図書館の使命を守り貫くことは，単に図書館員だけの責任と能力で果たせることではなく，ひろく社会の同意と支持を得なければ達成されないことは，歴史にてらしても明らかであります。

　日本図書館協会では，図書館の自由をめぐる昨今の状況を十分に考慮し，そこで得た貴重な経験をいかしながら，1954年の「図書館の自由に関する宣言」をより充実した内容のものに改訂し，図書館運営の基本的な指針として採択しました。ついては，この新しい宣言を公表して，わたくしたちの決意を表明するとともに，国民全体の奉仕者であり民主主義を擁護する一機関としての図書館の立場に対する深い理解と強力な支援を願うものであります。

　　1979年5月30日

「図書館の自由に関する宣言」（案）

(1954年全国図書館大会に提出された図書館憲章委員会の原案)

　基本的人権の一つとして，「知る自由」をもつ民衆に，資料と施設を提供することは，図書館のもっとも重要な任務である。
（一）近代民主主義社会の原則は，民衆の一人一人が自由な立場で自主的に考え行うことによつて，その社会の動向と進歩とが決定されることである。
　　　従つて，社会の担い手としての民衆は，「知る自由」を基本的人権の一つとして保有している。
　　　それと共に，その権利を正しく行使する社会的責任をもっている。
（二）図書館は，民衆のこの権利と責任に奉仕するものであり，その収集した資料と整備した施設とを，民衆の利用に提供することを根本の任務としているところの，近代民主主義社会にとつてその構造上不可欠の機関である。

　図書館のこのような任務を果すため，我々図書館人は次のことを確認し実践する。
1　図書館は資料収集の自由を有する。
（一）図書館は民衆の「知る自由」に奉仕する機関であるから，民衆のいろいろの求めに応じられるように出来るかぎり広く偏らずに資料を収集しておく必要がある。
　　　ここに資料に関する図書館の中立性の原則が存する。
　　　この中立性の故に，図書館は資料収集の自由を有する。我々図書館人は，この自由を守るため，障害になると思われる次のことに注意する必要がある。
（二）我々の個人的な関心と興味から偏つた資料の収集をしてはならない。
（三）同時に，外部からの圧迫によつて，或る種の資料を多く集めたり，反対

に除外したりしてはならない。
（四）又，著者の個人的条件例えば思想的，党派的，宗教的立場の故に，その著書に対して好悪の判断をすべきではない。
（五）このように図書館の資料収集は，自由公平な立場でなされなければならないが，図書館の予算には限度があるので事実上無制限に資料の収集をすることは出来ず，そこに我々による選択が加えられることになる。

　然しこのように我々によつて選択収集された資料に対して，我々図書館人はいちいち個人的に思想や党派や宗教上の保証をするものではなく，それは資料として価値があると認めたが故に，自由で客観的立場で選択収集したものである。

　資料としての価値の判定については，我々は自ら誤らないように努力すると共に，広く社会からの援助を期待する。

2　図書館は資料提供の自由を有する。

（一）中立の立場で自由に収集された資料は，原則として，何ら制限することなく自由に民衆の利用に提供されるべきである。
（二）勿論資料の性質によつては，例えば貴重な資料とか公開をはばかる種類のものとかは，必ずしも無制限の自由に放任さるべきでないことは当然である。

　然し思想その他の正当でない理由によつて，或る種の資料を特別扱いにし，書架より撤去したり破棄したりすることは望ましいことではない。
（三）外部からこのような圧迫があつた時，我々は民衆の支持の下に，資料提供の自由の原則を守るべきである。
（四）又，図書館の施設，例えば集会室，講堂等についても，原則として，すべての個人や団体に対して，平等公平に開放され自由な利用に提供さるべきである。

3 図書館はすべての不当な検閲に反対する。

（一）一般的に言つて、色々の種類のマス・コミニケーションの資料を検閲し発禁する等の弾圧手段は、或る政策を強行する早道のように思われるが、このような措置は、民主主義社会になくてはならない弾力性、即ち民衆の批判力をなくするものであり、民主主義の原則に違反する。

（二）このような資料の一方的立場による制限は、資料の収集と提供の自由を本質として有する図書館の中立性の前提をおびやかすものであるが故に反対する。

（三）それと同時に、図書館に収集された資料も不当に検閲されて提供の制限を受けるべきではない。

（四）更に図書館の一般的利用状況については別であるが、利用者個人の読書傾向など個人的自由を侵すような調査の要求は、法律上正当な手続きによる場合の外は拒否する。

図書館の自由が侵される時、我々は団結して、関係諸方面との協力の下に抵抗する。

（一）我々が図書館の自由を主張するのは、民衆の知る自由の権利を擁護するためであつて、我々自身の自由の権利のためではない。

　　図書館の自由こそ民主主義のシンボルである。この認識の下に、我々は図書館の自由が侵される時、それが日本のどの地点で起ろうとも、そこで戦つている仲間に向つて全図書館界の総力を結集して援助しうるように、組織を形成する必要がある。

（二）それと共に、図書館の自由が侵される時は、独り図書館のみでなく、広く社会そのものの自由が侵される時であつて、社会を不安にし意見の発表をいじけさせ、一方交通のマス・コミニケーションによつて民衆に盲従を強いることになる。

　　自由に放任しておくと好ましくない結果が生ずるおそれがあると考える人もあるようだが、たしかに自由の途は迂遠にして時に危険を伴うことも

あろう。

　然し一方的立場による弾圧によつて，社会が不自由になり弾力性を失うことの方がより危険である。よつて我々は図書館の自由が侵される時，広く教育・出版・ジャーナリズム・映画・ラジオ・テレビ・著者その他のマス・コムニケーションの関係各方面と密接に連絡提携し協力して抵抗する。

（三）然し何よりも我々の味方は民衆である。民衆の支持と協力なくして我々の抵抗は無力である。

　そして民衆の支持と協力は，我々が日常活動に於いて民衆に直結し，民衆に役立つ生きた図書館奉仕を実行することによつて，獲得することが出来るのであるから，我々はこの点をよく認識し努力する。

（注）1954年5月28日，主文のみが採択された。主文のうち字句が修正されたのは結語の最終部分であり，「関係諸方面…」以下が「あくまで自由を守る。」と改められた。

図書館の自由委員会内規

第1条　図書館の自由委員会（以下，委員会という）は，日本図書館協会委員会規程第2条に定める事業執行型委員会として設置する。

第2条　委員会は，図書館員が利用者の読書と調査の自由をまもり，ひろげる責務を果たすため，つぎのことをおこなう。

1．「図書館の自由に関する宣言」の趣旨の普及につとめ，その維持発展をはかる。

2．図書館の自由をめぐる侵害および抵抗の事実についてひろく情報を収集するとともに，当事者の求めに応じて調査研究する。

3．会員もしくは地方組織の求めに応じて，調査研究の成果を提供し，または発表する。

第3条　委員会の構成は，つぎのとおりとする。

1．委員会は東地区委員会と西地区委員会とをもって構成する。

2．委員会は全体で25名以内の委員をもって構成する。

3．東西両地区委員会の委員は，関東圏及び近畿圏の会員の中から，それぞれ10名以内，さらに両圏外の全国の会員の中から定数の範囲内で理事長が委嘱する。全国の会員で委嘱された委員は，希望する地区委員会に所属する。

4．委員会に委員長と副委員長2名を置く。委員長は委員の互選による。副委員長は東西両地区委員会からそれぞれ1名，互選により決める。

第4条　東西両地区委員会および全体会は，定例会を開くほか，委員長が必要と認めたとき臨時会を開く。委員長が必要と認めた場合，会員の出席を認める。

　　　付　　則

この内規は，平成14年8月8日から施行する。

図書館の自由に関する調査委員会規程（旧規程）

第1条　この委員会は，図書館の自由に関する調査委員会と称し，委員会準則第4条に定める常置委員会とする。

第2条　委員会は，図書館員が利用者の読書と調査の自由をまもり，ひろげる責務を果たすため，つぎのことを行なう。

1．「図書館の自由に関する宣言」の趣旨の普及につとめ，その維持発展をはかる。

2．図書館の自由をめぐる侵害および抵抗の事実についてひろく情報を収集するとともに，当事者の求めに応じて調査研究する。

3．会員もしくは地方組織の求めに応じて，調査研究の成果を提供し，または発表する。

第3条　委員会の構成は，つぎのとおりとする。

1．委員会は，全国委員会と地区小委員会とをもって構成する。

2．地区小委員会は，15名以内の委員をもって構成する。委員は地区の会員の中から理事長が委嘱する。委員長は委員の互選による。

3．全国委員会は，地区小委員会から選出される委員と，理事会の指名する委員をもって構成する。委員の人数は10名以内とし理事会の指名する委員は，総数の3分の1をこえないものとする。

第4条　全国委員会および地区小委員会は，定例会を開くほか，委員長が必要と認めたとき臨時会を開く。

第5条　委員長は，委員会の庶務を担当するための幹事を，委員の中から1名指名する。

付　則

この規程は，昭和49年12月18日から施行する。

STATEMENT ON INTELLECTUAL FREEDOM IN LIBRARIES

Revised in 1979
Japan Library Association

It is the most important responsibility of libraries to offer collected materials and library facilities to the people who have the Right to Know as one of their fundamental human rights.

1. The Constitution of Japan promulgated in 1946 is based on the principle that the sovereignty of the country resides with the people. In order to maintain and develop the principle, it is necessary that each one of the people is able to enjoy the right of free speech and of exchanging ideas in the society. It means that guaranteeing the freedom of expression is indispensable.

The freedom to know and the freedom of expression are two sides of the same coin. The freedom of expression guarantees the freedom of the sender, but without guaranteeing the freedom to know as its pretext, the freedom of expression cannot be realized.

The freedom to know, moreover, is closely related to the freedom of thought, of conscience, and all other fundamental human rights, and is a basic factor of securing these freedom and rights. The Constitution prescribes (Article 12) that the freedom and rights guaranteed in it shall be maintained by the constant endeavor of the people. The freedom to know shall also be maintained by the similar endeavor of the people prescribed in the Constitution.

2. All the people have the right of access to library materials whenever they need them. Guaranteeing the right is nothing but guaranteeing the freedom to know as a social system. Libraries are the organizations having full responsibility to ensure the freedom to know.

3. Libraries shall not be impeded by any power of governing authorities or social pressure, and shall guarantee full access to library collections and their physical facilities to the people, by clearly recognizing their responsibility and by actively performing all they can provide including library cooperation.

4. In our country, we shall not forget the history of libraries by the end of World War II because libraries contributed much to the government policy of thought-guidance, and resulted in slowing the development of the people's freedom to know. Based on such self-examination, we have to confirm now that libraries are responsible for guaranteeing and developing the freedom to know.

5. All the people have equal right in using libraries, and their rights should not be discriminated because of their race, creed, sex, age, and their various conditions in the society.
    The right is also guaranteed for people coming from abroad.

6. The principles of "Freedom of Libraries" stated here are to guarantee the people's freedom to know, and they can be basically applied to situations in all the libraries.

In order to fulfill their mission, libraries shall recognize the following matters as their proper duties, and shall put them into practice.

Article 1 : Libraries have freedom in collecting their materials.

1. Libraries shall respond to all user inquiries for library materials as the organization for guaranteeing people's freedom to know.

2. Libraries select and collect library materials based on an acquisition policy statement compiled by each library.

　In acquiring materials,

　(1) In selecting books on a controversial subject, libraries shall collect a wide range of books representing different viewpoints.

　(2) Libraries shall not exclude books from their collection on the pretext of the author's thought, religious or political viewpoints.

　(3) Library materials shall not be selected by the librarians' personal interests.

　(4) The freedom of acquisition shall not surrender to the pressure or interference of an individual person, organization or group of people, or shall not be hampered by librarians' self-regulation derived from their concern about making the library a target of crucial discussion.

　(5) The above mentioned shall be applied to acquiring donated books.

　Various opinions are introduced and asserted in the materials collected in the library. Whatever these books may say, collecting them does not mean that these viewpoints are endorsed by the library and librarians.

3. Libraries shall publicize a written statement of their acquisition

policy and shall endeavor to encourage criticism and cooperation with the people in society.

Article 2 : Libraries secure the freedom of offering their materials.

1. In order to guarantee the people's freedom to know, all library materials, in principle, shall be offered for free use of people.

Without any appropriate reason, libraries shall not treat materials differently by erasing the text, withdrawing them from the shelves, or discarding them from the library.

Restrictions to the freedom to offer library materials shall be applied only to the following occasions. These restrictions shall be exercised as limited in scope as possible, and after a certain period of time, the decisions shall be re-examined.

(1) Violation of human rights or privacy.

(2) A book was judged to be as an obscene publication.

(3) The non-publicized materials in the donated or deposited collection, which the donator or the depositor does not allow to be offered to the public.

2. Libraries shall have a duty of preserving their materials for present and future use. The preserved materials shall not be weeded out from libraries by a feeble argument from the society or by pressure or interference from a private individual, any organization or a group of people.

3. Assembly rooms and other meeting facilities in libraries have a different feature from those in other organizations because they have an organized, rich collection in the building which is meant to offer

independent studies or creative works to the people whenever they need to use them.

Libraries shall offer meeting facilities for the use of people either individuals or groups without discrimination, except for any profit making purposes.

4. Meetings or projects planned by libraries shall not be changed by the pressure or interference from a private individual, an organization or a group of people.

Article 3 : Libraries guarantee the privacy of users.
1. What book a particular person has read or is reading shall be regarded as the privacy of the reader. Libraries shall not reveal a reader's record of reading, except upon warrant issued by a competent judicial officer provided in the Constitution (Article 35).

2. Libraries shall not violate a readers' privacy by revealing any record of using the library in addition to the record of reading.

3. Librarians happen to know, when they are performing their duties, about the record of reading and of using the library of a particular user. No library worker shall disclose these facts, but secure the privacy of users.

Article 4 : Libraries oppose any type of censorship categorically.
1. Censorship has been practiced from time to time by governing authorities aiming to suppress the freedom of thought and speech of the people. A democratic society is founded on the freedom to know,

and censorship has no room in such a society.

Censorship regulates libraries' acquisition activities in advance, and it further results in withdrawing materials from the shelves and discarding them from the library collection. Libraries have had such bitter experiences and many examples of them were found clearly in the history and in the experiences of the people.

Consequently, libraries categorically oppose against any type of censorship.

2. Similar effect with censorship will be given by pressure and interference from a private individual, organization or group of people. Libraries shall oppose any type of suppression of thought and speech.

3. This suppression is easy to cause self-regulation by librarians, and they tend to avoid acquiring books on controversial subjects. Libraries shall not be hampered by such a self-regulation but shall ensure people's freedom to know.

When the freedom of libraries is imperiled, we librarians will work together and devote ourselves to secure the freedom.

1. Freedom of libraries can be an important indicator of evaluating the development of democracy in a country. Whenever the freedom is going to be violated, we, who are very concerned about developing libraries for the people, will react to the violation together. In order to organize such a professional reaction, it is indispensable that we constantly manage libraries in a democratic way and develop esprit de corps among library workers toward this goal.

2. The action of ensuring the freedom of libraries is a part of the struggle of ensuring the freedom and human rights. We are responsible to secure the freedom of libraries by cooperating with groups of people, organizations and private individuals who would share similar objectives with us.

3. Support and cooperation of the people can be obtained only from the people who have experienced the precious value of the freedom of libraries through their library experiences. In order to secure such support and cooperation, we shall devote ourselves to developing daily library services.

4. In the activities ensuring the freedom of libraries, librarians who eagerly worked for the freedom might be treated unfavorably by an authoritarian viewpoint of their governing body. To prevent such a political and personnel treatment beforehand, or at the worst, after it was taken, the Japan Library Association will extend a helping hand to the person who suffered by the treatment. It will be regarded as one of the important roles of the association.

　この訳文は，ブランチ・ウールス博士（アメリカ合衆国カリフォルニア州立サンノゼ大学図書館情報学部大学院長）の校閲を得た。ここに記して深く感謝の意を表する。

（日本図書館協会　2003年12月改訳）

参考文献

1) 日本図書館協会図書館年鑑編集委員会編『図書館年鑑』1984　特集・図書館の自由に関する宣言30年　日本図書館協会　1984.5
2) 『現代の図書館』13巻4号（1975）　特集・図書館の自由1
3) 『現代の図書館』14巻1号（1976）　特集・図書館の自由2
4) 日本図書館協会図書館の自由に関する調査委員会編『図書館の自由をめぐる事例研究　その1』日本図書館協会　1978.7（図書館と自由　2）
5) 同委員会編『「図書館の自由に関する宣言」20年の歩み』日本図書館協会　1980.8（図書館と自由　3）
6) 同委員会編『図書館の自由をめぐる事例研究　その2』日本図書館協会　1981.8（図書館と自由　4）
7) 同委員会編『学校図書館と図書館の自由』日本図書館協会　1983.10（図書館と自由　5）
8) 同委員会編『「図書館の自由」に寄せる社会の期待』日本図書館協会　1984.10（図書館と自由　6）
9) 同委員会編『「広島県立図書館問題」に学ぶ「図書館の自由」』日本図書館協会　1985.10（図書館と自由　7）
10) 同委員会編『情報公開制度と図書館の自由』日本図書館協会　1987.3（図書館と自由　8）
11) 同委員会編『図書館は利用者の秘密を守る』日本図書館協会　1988.3（図書館と自由　9）
12) 同委員会編『収集方針と図書館の自由』日本図書館協会　1989.4（図書館と自由　10）
13) 同委員会編『「読む自由」と図書館活動　読書社会をめざして』日本図書

館協会　1990.4（図書館と自由　11）

14）同委員会編『子どもの権利と読む自由』日本図書館協会　1994.4（図書館と自由　13）

15）同委員会編『図書館の自由に関する事例33選』日本図書館協会　1997.6（図書館と自由　14）

16）同委員会編『表現の自由と「図書館の自由」』日本図書館協会　2000.5（図書館と自由　16）

17）A. J. アンダーソン著　藤野幸雄監訳『図書館の自由と検閲』日本図書館協会　1980.6

18）山下信庸『図書館の自由と中立性』山下信庸　1983.8

19）図書館問題研究会図書館の自由委員会『部落問題と図書館』図書館問題研究会　1985.7

20）渡辺重夫著『図書館の自由と知る権利』青弓社　1989.6

21）塩見昇著『知的自由と図書館』青木書店　1989.12

22）日本図書館協会図書館の自由に関する調査委員会関東地区小委員会編『「ちびくろサンボ」問題を考える　シンポジウム記録』日本図書館協会　1990.8

23）ヘンリー・ライヒマン著　川崎良孝訳『学校図書館の検閲と選択　アメリカにおける事例と解決方法』青木書店　1993.11

24）馬場俊明著『「自由宣言」と図書館活動』青弓社　1993.12

25）川崎良孝著『図書館の自由とは何か　アメリカの事例と実践』教育史料出版会　1996.5

26）渡辺重夫著『図書館の自由を考える』青弓社　1996.9

27）日本図書館協会図書館の自由に関する調査委員会『表現の自由から図書館を考える　図書館の自由に関する宣言採択40周年記念シンポジウム記録』日本図書館協会　1997.10

28）アメリカ図書館協会知的自由部編纂　川崎良孝，川崎佳代子訳『図書館の原則　新版　図書館における知的自由マニュアル（第5版）』日本図書館協会　1997.7（図書館と自由　15）

29) ルイーズ・S. ロビンズ著　川崎良孝訳『検閲とアメリカの図書館　知的自由を擁護するアメリカ図書館協会の闘い　1939-1969年』日本図書館研究会　1998.9
30) 川崎良孝, 高鍬裕樹著『図書館・インターネット・知的自由　アメリカ公立図書館の思想と実践』京都大学図書館情報学研究会　日本図書館協会（発売）　2000.4
31) 『メリーランド大学所蔵プランゲ文庫展記念図録』ニチマイ編・刊　日本図書館協会（発売）　2000.8
32) ウェイン・A. ウィーガンド著　川崎良孝, 薬師院はるみ訳『図書館の権利宣言」を論じる』京都大学図書館情報学研究会　日本図書館協会（発売）　2000.9
33) バーバラ・M. ジョーンズ著　川崎良孝, 村上加代子訳『図書館・アクセス・知的自由　公立図書館と大学図書館の方針作成』京都大学図書館情報学研究会　日本図書館協会（発売）　2000.11
34) 川崎良孝, 高鍬裕樹, 村上加代子著『インターネットと知的自由　ネブラスカ州全公立図書館調査（2000年11月）』京都大学図書館情報学研究会　2001.3
35) IFLA ディスアドバンティジド・パーソンズ図書館分科会作業部会編　日本図書館協会障害者サービス委員会訳『IFLA 病院患者図書館ガイドライン 2000』日本図書館協会　2001.10
36) 川崎良孝編著『図書館・図書館研究を考える　知的自由・歴史・アメリカ』京都大学図書館情報学研究会　日本図書館協会（発売）　2001.12
37) 日本図書館協会図書館員の問題調査研究委員会編『「図書館員の倫理綱領」解説　増補版』日本図書館協会　2002.4
38) 川崎良孝解説・訳『公教育と図書館の結びつき　ホーレス・マンと学校区図書館』京都大学図書館情報学研究会　日本図書館協会（発売）　2002.7
39) ロバート・S. ペック著　川崎良孝, 前田稔訳『図書館・表現の自由・サイバースペース』日本図書館協会　2002.8

40) 深井耀子，田口瑛子編訳『IFLA 多文化社会図書館サービス』多文化サービスネットワーク　日本図書館協会（発売）　2002.10

41) ヘンリー・ライヒマン著　川崎佳代子，川崎良孝訳『学校図書館の検閲と選択　アメリカにおける事例と解決方法』京都大学図書館情報学研究会　日本図書館協会（発売）　2002.10

42) 川崎良孝著『図書館裁判を考える　アメリカ公立図書館の基本的性格』京都大学図書館情報学研究会　日本図書館協会（発売）　2002.11

43) アメリカ図書館協会知的自由部編纂　川崎良孝，川崎佳代子，村上加代子訳『図書館の原則　改訂版　図書館における知的自由マニュアル（第6版)』日本図書館協会　2003.1

44) マーク・スミス著　戸田あきら［ほか］訳　根本彰監訳『インターネット・ポリシー・ハンドブック　図書館で利用者に提供するとき考えるべきこと』日本図書館協会　2003.4

45) イーヴリン・ゲラー著　川崎良孝，吉田右子訳『アメリカ公立図書館で禁じられた図書：1876-1939年，文化変容の研究』　京都大学図書館情報学研究会　日本図書館協会（発売）　2003.9

46) トニ・セイメック著　川崎良孝，坂上未希訳『図書館の目的をめぐる路線論争　アメリカ図書館界における知的自由と社会的責任　1967～1974年』京都大学図書館情報学研究会　日本図書館協会（発売）　2003.10

あとがき

　はじめにおことわりをしておかなければならない。1979年に本文（主文・副文）そのものを改訂したときに刊行した解説書『図書館の自由に関する宣言　1979年改訂』には，「解説」とはついていなかった。その後1987年に『「図書館の自由に関する宣言　1979年改訂」解説』を刊行した。従って，今回の「解説」の表示は第2版とするが，実質的には3版ということになる。今後，本文の改訂と，解説部分の改訂とが錯綜することになり，混乱しそうであるがご理解いただきたい。本書でも「1987年の改訂」というような表現をしているが，ご容赦願いたい。

　この解説の目的は，1987年版の「あとがき」の冒頭に次のように書かれている。

　　1979年10月に刊行された解説『図書館の自由に関する宣言　1979年改訂』は，宣言が25年ぶりに改訂されたことを受けて，副文案の検討過程で表明されたさまざまな見解のうち都合で副文に盛り込めなかったものを提示し，さらに宣言の趣旨をよく理解していただくことを目的としていた。

　今回も基本的にそれを引きついでいるが，1987年以降，状況の変化はさらに加速し，新しい事態が発生してきた。加えて宣言の重要な部分の趣旨について恣意的な解釈も見られ，それが定着しかねないおそれが出てきた。またマスコミをはじめとして格段に社会的注目を浴び，法的側面から論議される機会も増えた。それらの試練を経て今までに検討された成果をふまえ，今後の具体的な指針となりうるよう，解説部分を再度改訂および増補することにした。

　改訂増補の必要に迫られた事項については，17ページの(6)～(10)に挙げているが，特に「人権またはプライバシーの侵害」の項が，最も恣意的解釈や拡大解釈あるいは自己規制の見られるところで，今回は厳密な解釈が求められた。委員の間でも論議が繰り返され，幾度書き直されたかわからない。しかし，や

むをえず制限することになった場合の方法については，当初案はこまかく具体的に書きこんであったのだが，世のなかには前後を読み飛ばして，あるいは故意に無視して，そこに書いてあることだけを根拠に，いきなり利用制限をしてしまうような人たちがあとを絶たないところから，具体的な方法を書くのは避けることにした。いよいよ刊行されることになってもまだ，これでいいのかという不安はぬぐえないのが正直な気持である。

　改訂作業は，改訂を必要とする部分および新規に書き加えるべき項目を洗い出すことから始め，まず委員が分担執筆して素案とした。これをもとに東西両地区委員会で議論を重ね，ときに全体委員会を開いて総合的な検討をし，修正を加えた。2002年に群馬で開催された第88回全国図書館大会において「人権またはプライバシー」を中心に，はじめて広く館界に向けて，その時点での成案を提示した。さらに『図書館雑誌』を通じて意見を公募し，二次案を同誌2003年9月号に抄録すると同時に，図書館の自由委員会のホームページに全文を掲載して意見を募集した。その間2003年3月には公開の意見交換会を開いたところ，「子どもへの資料提供」について意見が集中したため，児童青少年委員会の協力を得て，再度児童サービスの関係者と意見を交換する機会を設けた。そして2003年に開かれた静岡の第89回全国図書館大会で最終案を提示し，細かな修正をほどこして最終稿とした。

　この解説は，前版の「あとがき」にあるように「宣言の内容をわかりやすくできるだけ具体的な事例に即して説明し，図書館の自由の趣旨をひろく理解していただくためのものである。従って，具体的な問題処理の方策について日本図書館協会の公式見解を表明するものではなく，それにふれている部分も，ひとつの参考意見を提示しているにすぎない。あくまで委員会の責任において作成された解説である」。

　問題解決にあたっては，それぞれの図書館が，職員の参加のもとに合議して主体的に結論を見いだしていっていただきたい。その際に，この解説がよき道しるべになれば幸いである。そして，いろいろな処理の方策や見解が，『図書館雑誌』やニューズレター『図書館の自由』に報告されることを期待している。

解説項目は，おおむね本文から用語を取って見出しとしているが，今回の改訂では，新たな情勢の展開に従い，新たな項目を設けたため，本文に出てこない用語を見出しとしたものがいくつか加わった。

新規の項目は次のとおりである。

「子どもへの資料提供」，「資料提供の自由と著作権」，「公貸権」，「著作権侵害が裁判で確定した図書館資料の取扱い」，「インターネットと図書館」

そのほか，宣言の英語訳は，日本の事情を知らない外国人にも理解できるように配慮して新訳をほどこした。資料編は，見解やコメントを増補し，関連法令や国際的な宣言等もかなり詳細に収録した。そのことによりページ数が二倍近くになってしまったが，それだけ便覧として使えるようになったのではないかと思う。

また，IFLA では，「IFLA インターネット宣言」と同時期に「グラスゴー宣言」（The Glasgow Declaration on Libraries, Information Services and Intellectual Freedom）が採択されたが，「IFLA 図書館と知的自由に関する声明」を要約した内容なので，資料編には収録しなかった。

なお今後の改訂のために，懸案として残っていることを挙げておく。

「図書館の自由」という表現は誤解を招くという意見は多かった。

本文そのものの改訂が必要であるという意見があった。

引用する場合，引用箇所を簡単に指示しにくいので，番号をつければいいのだが，案外むつかしく，次回の改訂に期したい。

なお，「図書館の自由に関する調査委員会」は，日本図書館協会の組織改革に伴って，2002年8月に「図書館の自由委員会」に名称を変更した。

2004年2月

日本図書館協会　図書館の自由委員会
委員長　三　苫　正　勝

索引

ア
- ICカード･････････ 17
- 悪書追放運動････････ 14
- 『悪徳の栄え』･･････ 29
- 新しい歴史教科書をつくる会･･ 31
- アメリカ図書館協会
  - －知的自由委員会･････ 45
  - －「図書館の権利宣言」･･･ 41, 97
  - －読書の自由財団･････ 45

イ
- 「石に泳ぐ魚」････････ 27
- IFLA
  - －図書館と知的自由に関する声明････････ 84
  - －インターネット宣言････ 87
  - －デジタル環境における著作権に関する国際図書館連盟の立場････････ 90
- インターネットと図書館･････ 43

オ
- 大阪府青少年健全育成条例･･･ 78

カ
- 親の教育権･･････ 38
- 外国人････････ 6, 21
- 回収要求･･････････ 30
- 外部とは････････ 38
- 貸出しカード･･････ 11
- 「貸出業務へのコンピュータ導入に伴う個人情報の保護に関する基準」（－についての委員会見解）････････ 15, 36, 48, 50
- 貸出記録の保護･･････ 36
- 学校図書館･･････ 14, 21, 22, 24, 38, 42, 43
- 関税定率法第21条（輸入禁止品目）････････ 40, 67
- 『完全自殺マニュアル』････ 16

キ
- 寄贈資料･･････ 6, 7, 29
- 寄託資料･･････ 7, 29
- 行政機関の保有する個人情報の保護に関する法律････････ 63

行政機関の保有する情報の公開に
関する法律‥‥‥‥‥‥‥ 66
行政機関の保有する電子計算機処
理に係る個人情報の保護に関す
る法律‥‥‥‥‥‥‥ 37, 62
行政資料‥‥‥‥‥‥‥ 20, 26
行政文書‥‥‥‥‥‥‥‥ 29

ク

『クロワッサン』‥‥‥‥‥‥ 26

ケ

刑事訴訟法‥‥‥‥‥‥‥ 70
　－第197条第2項（公務所への
　　照会）‥‥‥‥‥‥ 39, 71
刑法第175条（わいせつ物頒布等）
　‥‥‥‥‥‥‥‥‥ 28, 67
『KEN』‥‥‥‥‥‥‥‥ 16
検閲
　－戦前の‥‥‥‥‥‥‥ 40
　－と同様の結果をもたらすも
　　の‥‥‥‥‥‥‥‥ 8, 41
　－の禁止‥‥‥‥‥‥‥ 40
　→憲法第21条（表現の自由・検
　　閲の禁止）
憲法‥‥‥‥‥‥‥‥ 5, 59
　－第21条（表現の自由・検閲
　　の禁止）‥‥ 12, 19, 40, 59

　－第35条（令状主義の原則）
　　‥‥‥‥‥‥‥ 7, 35, 60
言論統制‥‥‥‥‥‥‥‥ 42

コ

公共の福祉‥‥‥‥‥‥‥ 59
公貸権‥‥‥‥‥‥‥‥ 32
　→：著作権法第26条の3（貸与
　　権）
公平な権利‥‥‥‥‥‥ 6, 21
神戸連続児童殺傷事件‥‥‥ 16
公務所への照会
　－刑事訴訟法第197条第2項,
　　第279条（公務所への照会）
　　‥‥‥‥‥‥‥‥ 39, 71
　－弁護士法第23条の2（報告の
　　請求）‥‥‥‥‥‥ 39, 71
国際人権規約B規約‥‥‥‥ 20
国民主権‥‥‥‥‥‥‥‥ 5
国民に対する約束‥‥‥‥‥ 18
国民の支持・協力‥‥‥ 8, 17, 44
国立国会図書館‥‥‥‥‥‥ 16
個人情報の保護基準‥‥‥‥ 17
個人情報の保護に関する法律
　‥‥‥‥‥‥‥ 12, 37, 60
　→：行政機関の保有する個人情
　　報の保護に関する法律
　→：行政機関の保有する電子計

算機処理に係る個人情報の保
　　護に関する法律
個人情報保護法　→個人情報の保
　　護に関する法律
古地図・・・・・・・・・・・・・・・・・・・・・・・・ 26
国家公務員法第100条（秘密を守る
　　義務）・・・・・・・・・・・・・・・・・・・ 39, 66
子どもへの資料提供・・・・・・・・・・・・ 30
子どもの権利条約　→児童の権利
　　に関する条約
子どもの人格・・・・・・・・・・・・・・・・・・ 39
子どもの読書活動の推進に関する
　　法律・・・・・・・・・・・・・・・・・・・・・・・ 75
コンピュータ導入・・・・・・・・ 15, 35, 36

サ

再検討
　　−を行う委員会・・・・・・・・・・・・ 27
　　−制限措置の（提供の制限の）
　　・・・・・・・・・・・・・・・・・・・・ 7, 28, 29
埼玉県公共図書館協議会・・・・・・・・ 10
差別的表現・・・・・・・・・・・・・・・・・・・・ 26
「差別的表現を批判された蔵書の
　　提供について（コメント）」
　　・・・・・・・・・・・・・・・・・・・・・・・ 26, 55

シ

視覚障害者・・・・・・・・・・・・・・・・・・・・ 32

索引　　123

自己規制（自主規制）
　　・・・・・・・・・・・・・・・・・ 6, 10, 11, 15, 42
施設
　　−地方自治法第244条（公の施
　　　設）・・・・・・・・・・・・・・・・・・・・・ 69
　　−の（を）提供（公平な利用
　　　（提供））・・・・・・・・・・・・・ 5, 7, 31
思想・言論の統制・・・・・・・・・・・・・・ 42
思想善導・・・・・・・・・・・・・・・・・ 5, 10, 14
『思想の科学』事件・・・・・・・・・・・・・ 13
肢体不自由者・・・・・・・・・・・・・・・・・・ 32
児童の権利に関する条約（子ども
　　の権利条約）・・・・・・・・・ 17, 30, 72
品川区立図書館リスト問題・・・・・・ 15
社会的合意・・・・・・・・・・・・・ 17, 23, 25
自由委員会
　　−名古屋市立図書館・・・・・・ 31, 44
　　−日本図書館協会図書館の自
　　　由委員会内規・・・・・・・・・・・ 105
　　−日本図書館協会図書館の自
　　　由に関する調査委員会
　　・・・・・・・・・・・・・・・・・・・ 11, 45, 106
集会・行事への参加者の名簿・・・・ 37
集会室・・・・・・・・・・・・・・・・・・・・・・ 7, 31
収集の自由・・・・・・・・・・・・ 6, 15, 22, 24
収集方針・・・・・・・・・・・・・・・・・ 6, 15, 23
住民基本台帳ネットワーク（番号）
　　・・・・・・・・・・・・・・・・・・・・・・・ 17, 36

守秘義務・・・・・・・・・・・・・・・・・ 37, 39, 50
　－国家公務員法第100条（秘密
　　を守る義務）・・・・・・・・・・ 39, 66
　－地方公務員法第34条（守秘
　　義務）・・・・・・・・・・・・・・・・ 39, 66
　－東村山市図書館設置条例第
　　6条（秘密を守る義務）
　　・・・・・・・・・・・・・・・ 11, 14, 34
障害者差別・・・・・・・・・・・・・・・・ 13, 27
肖像権侵害事件・・・・・・・・・・・・・・・ 27
少年法・・・・・・・・・・・・・・・・・・・・・・ 16
情報アクセス権・・・・・・・・・・・・・・・ 32
情報格差・・・・・・・・・・・・・・・・・・・・ 43
情報公開・・・・・・・・・・・・・・・・・ 20, 29
情報公開法　→行政機関の所有す
　る情報の公開に関する法律
情報リテラシー・・・・・・・・・・・・・・・ 43
職員研修・・・・・・・・・・・・・・・・・・・・ 22
資料の保存・・・・・・・・・・・・・・・・・・ 30
資料費の確保・・・・・・・・・・・・・・・・ 23
知る自由・・・・・・・・・・・・・・・・・・ 23,
　　24, 28, 37, 39, 40, 49, 56, 59
　－基本的人権のひとつとして
　　の・・・・・・・・・・・・・・・ 5, 19, 28
「知る自由を保障するための図書
　館の任務に関する声明」・・・・・・・・ 99
人権・・・・・・・・・・・・・・・・・・ 5, 21, 59
人権侵害・・・・・・・・・・・・・・・・・・・・ 25

人権またはプライバシーの侵害
　・・・・・・・・・・・・・・・・・・・・ 13, 25
　→：プライバシーその他の人権
　　を侵害するもの
『新潮45』・・・・・・・・・・・・・・・・・・・・ 16

ス

すべての図書館・・・・・・・・ 6, 12, 18, 21

セ

税関検査・・・・・・・・・・・・・・・・・・・・ 40
　→：関税定率法21条（輸入禁止
　　品目）
「青少年社会環境対策基本法案に
　ついての見解」・・・・・・・・・・・・・・・ 56
青少年保護育成条例・・・・・・・・・・・・ 40
青少年有害社会環境対策基本法案
　・・・・・・・・・・・・・・・・・・・・・・・・ 41
「世界人権宣言」・・・・・・・・・・・・・・・ 79

ソ

相互協力・・・・・・・・・・・・・・・・・・・・ 23
捜査と利用記録（読書記録）
　・・・・・・・・・・・・・・・・・・ 16, 34, 39
捜索差押令状・・・・・・・・・・・・・・・・ 35
　→：刑事訴訟法
蔵書に関する意見の表明（意見や
　クレーム）・・・・・・・・・・・・・・ 15, 23

タ

『タイ買春読本』・・・・・・・・・・・・・・・・ 16
大学図書館・・・・・・・・・・・・・・ 21, 24, 43

チ

地下鉄サリン事件・・・・・・・・・・・ 16, 35
知的自由・・・・・・・・・・・・・・・・・・・・・ 45
「ちびくろサンボ」・・・・・・・・・・・・・・ 16
地方公務員法第34条（守秘義務）
・・・・・・・・・・・・・・・・・・・・・・ 39, 66
地方自治法第244条（公の施設）
・・・・・・・・・・・・・・・・・・・・・・ 31, 69
『チャタレイ夫人の恋人』・・・・・・・・・ 28
中央公論社事件・・・・・・・・・・・・・・・ 13
『中小都市における公共図書館の
運営』・・・・・・・・・・・・・・・・・・・・・・ 10
著作権
－資料提供の自由と・・・・・・・・・ 32
－侵害の確定した資料・・・・・・・ 33
著作権法・・・・・・・・・・・・・・・・・・・・・ 67

テ

提供の自由・・・・・・・・・ 7, 11, 24, 32
提供（の）制限（利用制限）
・・・・・・・・・・・・・・・・・ 7, 13, 24~29
展示施設・・・・・・・・・・・・・・・・・・・・・ 31

ト

東京都青少年の健全な育成に関する条例（東京都青少年健全育成条例）・・・・・・・・・・・・・・・・・・ 14, 76
読字障害者・・・・・・・・・・・・・・・・・・・ 32
読書記録・・・・・・・・・・・・・・・ 8, 36, 39
読書傾向・・・・・・・・・・・・・・・・・・・・・ 36
読書事実・・・・・・・・・・・・・・・・・・ 7, 35
読書の自由・・・・・・・・・・・・ 14, 19, 35
読書の自由財団・・・・・・・・・・・・・・・ 45
読書の秘密・・・・・・・・・・・・・・・・・・・ 15
「図書館員の倫理綱領」・・・・・・・ 19, 48
「図書館憲章」・・・・・・・・・・・・・ 10, 101
「図書館の権利宣言」→アメリカ
図書館協会「図書館の権利宣言」
図書館の自由に関する宣言
－（案）1954年・・・・・・・・・・・・ 101
－[英文]・・・・・・・・・・・・・・・・・ 107
－『解説』刊行の意義・・・・・・ 17
－社会の反響・・・・・・・・・・・・・ 13
－宣言の採択・・・・・・・・・・・・・ 10
－宣言1979年改訂・・・・・・・ 11, 12
図書抜き取り事件，図書破棄（廃棄）事件・・・・・・・・・・・ 11, 31, 42
富山県立近代美術館，富山県立図書館・・・・・・・・・・・・・・・・・・・・・・・ 15

ナ

中島健蔵・・・・・・・・・・・・・・・・・・・・ *10*

『名古屋市史』・・・・・・・・・・・・・・・・・ *15*

名古屋市立図書館・・・・・・・・ *15, 27, 44*

ニ

日本図書館協会の責務・・・・・・・・・・・ *45*

ネ

練馬テレビ事件・・・・・・・・・・・・・ *11, 34*

ハ

排除要求（資料の）・・・・・・・・・・・・・ *41*

反論権の保障・・・・・・・・・・・・・・・・・・ *31*

ヒ

東村山市図書館設置条例第6条
　（秘密を守る義務）・・・・・ *11, 14, 34*

非公刊資料・・・・・・・・・・・・・・・・・ *7, 29*

「ピノキオ」・・・・・・・・・・・・・・ *13, 15, 27*

日野市立図書館・・・・・・・・・・・・・ *10, 37*

秘密を守る義務　→守秘義務

表現の自由・・・・・・・・ *5, 12, 19, 28, 40*
　→：憲法第21条（表現の自由・
　　検閲の禁止）

広島県立図書館・・・・・・・・・・・ *15, 31, 42*

フ

フィルタリング・・・・・・・・・・・・・・・・ *43*

『フォーカス』・・・・・・・・・・・・・・・・・ *16*

「『フォーカス』（1997.7.9号）の少
　年法第61条に係わる記事の取り
　扱いについて（見解）」・・・・・・・・ *52*

福岡県青少年健全育成条例・・・・・・ *77*

複写申込書（記録）・・・・・・・・・・ *35, 37*

藤沢市立図書館・・・・・・・・・・・・・・・・ *23*

船橋市西図書館・・・・・・・・・・・・・・・・ *31*

『フライデー』・・・・・・・・・・・・・・・・・ *27*

プライバシー
　－侵害・・・・・・・・・・・・・・・・・・ *16, 53*
　－その他の人権を侵害するも
　　の・・・・・・・・・・・・・・・・・・・ *25~28*
　－利用者の・・・・・・・・ *8, 11, 34~40*

部落解放運動・・・・・・・・・・・・・・・ *13, 15*

部落地名総鑑・・・・・・・・・・・・・・・・・・ *26*

部落問題関係資料・・・・・・・・・・・・・・ *42*

不利益処分の救済・・・・・・・・・・・・・・ *44*

『文藝春秋』・・・・・・・・・・・・・・・・・・・ *16*

「『文藝春秋』（1998年3月号）の
　記事について＜参考意見＞」・・・・ *53*

ヘ

弁護士法第23条の2（報告の請求）
　・・・・・・・・・・・・・・・・・・・・・・・・ *39, 71*

索引　127

ホ
法令との関係・・・・・・・・・・・・・・・・・・・ 39

ミ
自らの責任・・・・・・・・・・・・・ 5, 6, 20, 23

メ
『目黒区史』・・・・・・・・・・・・・・・・・ 12, 30

ヤ
山口県立山口図書館・・・・ 11, 14, 24, 42

ユ
有害図書・・・・・・・・・・・・・・・・ 16, 40, 57
輸入禁制品　→関税定率法第21条
ユネスコ公共図書館宣言・・・・・・・・・ 80

ヨ
横浜事件・・・・・・・・・・・・・・・・・・・・・・ 11
『四畳半襖の下張り』・・・・・・・・・・・・ 29

リ
利用記録・・・・・・・・・・・・・・・・・・ 16, 35
利用事実・・・・・・・・・・・・・・・・・・・ 8, 37
利用者の秘密
　　→プライバシー（利用者の）
　　－を守る義務　→守秘義務
倫理綱領　→図書館員の倫理綱領

レ
令状
　　－が出された場合・・・・・・・・ 7, 39
　　→：憲法第35条（令状主義の原
　　　則）
　　→：刑事訴訟法第106条（令状）

ワ
わいせつ出版物・・・・・・・・・・・・・・・ 7, 28
　　→：刑法第175条（わいせつ物
　　　頒布等）

> 視覚障害者その他活字のままではこの本を利用できない人のために，日本図書館協会及び著者に届け出る事を条件に音声訳（録音図書）及び拡大写本，電子図書（パソコンなど利用して読む図書）の製作を認めます。但し，営利を目的とする場合は除きます。

EYE LOVE EYE

「図書館の自由に関する宣言　1979年改訂」解説　第2版
Statement on Intellectual Freedom in Libraries, Revised in 1979 :
the Commentary Notes, Second Edition

定価：本体850円（税別）

1987年10月28日　初版第1刷発行
2004年3月20日　第2版第1刷発行©
2016年11月20日　第2版第6刷発行

編　者　日本図書館協会図書館の自由委員会
発行者　公益社団法人　日本図書館協会
　　　　〒104-0033　東京都中央区新川1丁目11-14
　　　　電話（03）3523-0811（代）
印刷所　アベイズム（株）

JLA201622　　　　　　　　　　　　　　　Printed in Japan

ISBN978-4-8204-0328-9
本文の用紙は中性紙を使用しています。